Prolog

Eine Frau, Mitte Vierzig, geht für einige Wochen zu Fuß durch halb Deutschland. Ihr ständiger Begleiter ist der Rucksack. Und diese Frau bin ich. So oder so ähnlich könnte ich den Inhalt dieses Buches verkürzt zusammenfassen.

Womit könnte dieses Buch gefüllt werden, wenn ich doch eine so unspektakuläre Klimazone für mein Unterwegssein gewählt habe? Weder extremer Frost, dem ich – im Überleben trainiert oder auch nicht – etwas entgegensetzen muss, noch Regenwaldtemperaturen, die mich an bis hierhin unbekannte Grenzen stoßen lassen. Und was könnte dieses Buch beinhalten, wenn die Motivation zu dieser Reise auf keine karitative Absicht zurückzuführen ist? Weder sammele ich Spendengelder mit jedem gegangenen Kilometer, noch soll mein Muskelkater sinnbildlich für einen der unzähligen Missstände dieser Welt stehen, und schon gar nicht werde ich einen Reiseführer für Alleinreisende zu Papier bringen.

Wozu also das Ganze?

Ich kenne eine Geschichte, die meiner Meinung nach die Motivation und den Wunsch, welchem ich mich durch das „Nach-Hause-Gehen" näher bringen möchte, widerspiegeln:

Ein Mönch hatte sich in die Einsamkeit zurückgezogen, um sich der Meditation widmen zu können. Einmal kam ein Wanderer zu seiner Einsiedelei und bat ihn um etwas Wasser. Der Mönch ging zum Brunnen. Dankbar trank der Wanderer den Becher leer und fragte dann:

„Sag mir, welchen Sinn siehst du in deinem Leben in der Stille?"

Der Mönch wies auf das aufgewühlte Wasser im Brunnen und antwortete: „Schau in den Brunnen! Was siehst du?"

Der Wanderer blickte hinein und sagte: „Ich sehe nichts."

Nach einer Weile forderte der Mönch den Wanderer noch einmal auf: „Schau auf das Wasser. Was siehst du jetzt?"

Wieder blickte der Fremde auf das Wasser und antwortete: „Jetzt sehe ich mich selbst."

„Damit ist deine Frage beantwortet", erklärte der Mönch. „Als du zum ersten Mal in den Brunnen geschaut hast, war das Wasser vom Schöpfen unruhig, und du konntest nichts erkennen. Jetzt ist es ruhig – und das ist die Erfahrung der Stille: Man sieht und erkennt sich selbst."

Ob es nun auf das „Sich selbst sehen und erkennen" hinauslaufen wird, kann ich noch nicht einzuschätzen. Ist man überhaupt irgendwann fertig beziehungsweise am Ziel mit dem Sich-Sehen und -Erkennen? Aus meinem bisherigen Erleben heraus ist es ein andauernder Prozess, der das Bewusstsein, „ganz bei sich zu sein", genauso umfasst wie das „Wer, wie, was und wo bin ich überhaupt?".

Ich für mich beobachte, dass ich derzeit ein ausgeprägtes

Bedürfnis nach Ruhe, Terminlosigkeit, Langsamkeit und Selbstbestimmung verspüre. Es mag an der jahrelangen Rolle der Alleinerziehenden meiner Töchter liegen oder an der aufwühlenden Lebensphase, in der ich mich jetzt vor der Reise sehe. Mein Wunsch nach einer sogenannten Auszeit ist präsenter denn je. Das Gefühl von „Jetzt bin ich mal dran!" wird bestärkt durch die zunehmende Selbstständigkeit meiner Töchter. Meine „Mission Mama" nähert sich mehr und mehr dem Ende, und mir scheint Freiraum zu entstehen, in dem ich den Blick wieder intensiver auf mich selbst richten kann und will.

Wer seinen Blick eine Zeit lang auf sich selbst richtet, dem wird bestenfalls deutlich, was ihr oder ihm guttut. Für die einen ist es ein nigelnagelneues Auto, für die anderen ein zweiwöchiger Wellnessurlaub in einem 4-Sterne-Hotel am Meer. Wieder andere gönnen sich eine Schiffsreise, während sich manche für den Rückzug in ein Kloster entscheiden. Die Möglichkeiten scheinen unbegrenzt zu sein.

Für mich ist der schönste Gedanke, mich alleine in größtmöglicher Langsamkeit in der Natur zu bewegen. Ohne Konzept. Der Plan soll sein, keinen – oder zumindest so wenig wie möglich – zu haben.

Ich habe die Hoffnung, dass die bevorstehenden Wochen des Nach-Hause-Gehens vergleichbar mit dem Brunnenwasser aus der Geschichte mit dem Mönch und dem Wanderer sein werden. Mit jedem Tag der Langsamkeit, der Konfrontation mit dem Alleinsein und mit der schier unbegrenzten und ungestörten Möglichkeit, meinen Gedanken und Blicken freien Lauf zu lassen, wünsche ich mir, mir selbst Schritt für Schritt näherzukommen. Diese Vorstellung gefällt mir. Und sie fühlt sich gut an. Verdammt gut!

Im Laufe der Vorbereitungen auf diese Zeit, während der Wochen des Gehens selbst und auch in der Zeit danach, also während der Nachlese, werden sich meine Gedanken zu diesem Buch entwickeln und verändern.

Sie, die Gedanken, und es, das Buch, sind gewachsen und gereift, bis es eines Tages das war, was du jetzt in den Händen hältst:
Keine Dramatik, nichts Noch-nie-Dagewesenes und kein Spannungsbogen. Frei von Spektakel, sogar ohne gravierende Risiken und Nebenwirkungen und außerdem frei von Konservierungsstoffen. Ich treffe keine Promis, stoße auf keine Goldader und rette auch niemandem das Leben.
Es ist nicht mehr, aber auch nicht weniger, als einfach nur das, was es ist: mein Nach-Hause-Gehen!"

Inge Schlüter

Die Idee

„Nichts auf der Welt ist so mächtig wie eine Idee, deren Zeit gekommen ist."

Victor Marie Hugo (1802 – 1885),
französischer Schriftsteller

N ach Hause gehen, im wahrsten Sinne des Wortes – oder des Satzes. Das wäre was!

Eine gute Bekannte erzählte mir, dass sie *das* vorhabe. Sie wusste nicht genau wann, aber einmal im Leben wollte sie es machen: nach Hause gehen! Andere nennen es Wandern oder Pilgern – sie nannte es „Nach Hause gehen".

Ihr Heimatort liegt ungefähr 300 Kilometer von ihrem heutigen Wohnort entfernt. Nach wie vor hat sie eine gute Verbindung zu den Menschen in ihrer Heimat. Und einmal im Leben, sagte sie, wolle sie den Weg dorthin zu Fuß gehen – nach Hause gehen.

Ich war angesteckt, sofort. Das wollte ich auch! Wie schön müsste es sein, über eine längere Wegstrecke dem eigenen Zuhause mit jedem Kilometer immer ein Stück näher zu kommen? Dem eigenen Zuhause, dem Ort, der – wie in meinem Fall – ein Gefühl von Heimat entstehen ließ.

Das schien mir etwas grundlegend anderes zu sein, als an einem beliebigen Ort zu starten und nach einer geraumen

Zeit an einem anderen Ort der Welt den Weg zu beenden. An Orten der Welt, die zwar konkret in Koordinaten gefasst werden können und sich vielleicht auch einer gewissen Popularität erfreuen, jedoch mit mir selbst wenig zu tun haben.

Dabei denke ich zum Beispiel an den berühmten Jakobsweg bis hin zur Kathedrale von Santiago de Compostela. Ich will einem derartigen Pilger-Erlebnis nichts an Herrlichkeit und Besonderheit nehmen. Nur stellte ich fest, dass genau dieses Merkmal, meinem Zuhause entgegenzugehen, etwas Wunderbares in mir auslöste. Als Ziel das eigene Zuhause, das Dorf mit den Koordinaten Herz und Heimat – die Idee machte die Vorstellung für mich noch einzigartiger.

Der Gedanke, dieses Nach-Hause-Gehen in die Tat umzusetzen, begeisterte mich von Anfang an dermaßen, dass ich nicht lange – genau einen Tag – darauf wartete, meine Töchter in diese Idee einzuweihen. Auch um mit ihnen gemeinsam einen passenden Zeitraum für dieses Projekt zu finden. Das mag sich im ersten Moment so anhören, als wenn ich den Wunsch gehabt hätte, den Weg mit meinen Töchtern gemeinsam zu gehen. So war es aber nicht. Bei aller Liebe zu Antonia und Hanna – von Anfang an sah ich mich diesen Weg allein gehen. Das war es, was aus meinem Inneren nach außen drang: allein für mich und mit mir sein!

Es war auch kein reizvoller Gedanke für mich, dies mit einer oder mehreren Freundinnen zu unternehmen. Auch konnte ich mir die Begleitung einer bis dato fremden Person nicht vorstellen, so wie es von der Reisebranche heute als eine Art Erlebnisreise angepriesen wird. Nein, für diese Reise war mir nur eines unumstritten klar: Ich würde sie allein erleben!

Die Gedanken an eine Zeit, in der ich mich für Tage oder gar Wochen nur um mich und meine Bedürfnisse zu kümmern bräuchte, reizten mich sehr. Zunehmend bekam ich den Eindruck, dass eine Zeit wie die eben beschriebene schlichtweg mal „an der Reihe" war. Vielleicht war sie sogar längst überfällig?

Niemanden von A nach B fahren; nicht pünktlich im Büro erscheinen; kein Essen kochen; niemanden nachts aus B abholen; nicht putzen, bügeln, saugen und einkaufen; keine Termine; keine Kompromisse. Nur ich! Meine Gedanken an das Nach-Hause-Gehen waren unglaublich schön, gleichzeitig erschienen sie mir unwirklich und illusionär.

Es war nicht so, dass der Alltag mit all seinen eben aufgezählten beispielhaften Tätigkeiten mich unglücklich gemacht hätte. Weit gefehlt! Die Rolle der Mutter zweier heranwachsender Kinder auf ihrem Weg ins Erwachsenwerden erfüllte und erfüllt mich grundsätzlich mit einer tiefen Zufriedenheit, und irgendwie nahm und nehme ich es als eine Art Abenteuer wahr.

Diese Lebensphase brachte es unweigerlich mit sich, dass meine Bedürfnisse allzu oft hintanstanden oder dass ich erst noch dies oder jenes erledigt wissen wollte, bevor ich meinen Bedürfnissen folgte. Der Umstand, dass ich nicht nur, wie eben erwähnt, Mutter, sondern, um es zu komplettieren, berufstätige und alleinerziehende Mutter bin, mag das „Hintanstellen" der eigenen Bedürfnisse verstärkt haben. Dieses zu erwähnen, ist weder Jammern noch Selbstbeweihräucherung. Es ist lediglich ein Sachverhalt, der vielleicht einmal mehr verdeutlicht, warum und wie sehr ich mich auf eine Zeit nur für mich freute.

Inzwischen liegen fünfzehn Jahre hinter mir, in denen ich meine Töchter ohne die Unterstützung eines Partners großgezogen habe. Dankbar erlebte ich hingegen die Unterstützung meiner Eltern, Geschwister und Freunde. Jede und jeder nach ihren und seinen Vorstellungen und Möglichkeiten. Das tat und tut mir sehr gut, zumal der Kindsvater damals sehr schnell seine Begleitung und Anteilnahme eingestellt hatte.

Trotz Eltern, Geschwistern und Freunden blieb das fast ständige Gefühl, für alles allein verantwortlich zu sein. Allein Entscheidungen treffen zu müssen und auch allein mit kleinen und größeren Sorgen fertigwerden zu müssen, die das Heranwachsen von jungen Menschen mit sich bringen kann.

In dem Nach-Hause-Gehen sah ich eine Chance oder auch eine Möglichkeit, eine Zeit zu erleben, in der das Verantwortungsgefühl nicht über meinen sogenannten „eigenen Tellerrand" hinausgehen müsste. Keine Anpassungen an Bedürfnisse anderer Personen – keine Kompromisse. Nur ich! Was und wie würde ich ohne all das Gewohnte sein?

Zurück zur Idee: Einen Tag, nachdem meine Bekannte mir von ihrem Vorhaben berichtet hatte, saß ich mit meinen Töchtern beisammen und erzählte ihnen von dieser Idee. Selbst wenn meiner Gedankenwelt sehr schnell lebendige Vorstellungen entspringen konnten, so steckten auch Anteile einer strukturierten Jungfraugeborenen in mir, die sich mit Spontaneität schwertat. Ein derartiges Unterfangen will gut geplant und vorbereitet sein, dachte ich.

Ein wenig anders als bei meiner Bekannten würde sich mein Nach-Hause-Gehen schon deshalb gestalten, weil es für mich wenig Sinn ergab, von meinem jetzigen Wohnort in das Dorf zu gehen, wo ich groß geworden war – denn das waren nicht mehr als fünf beschauliche, ländliche Kilometer. Deshalb war auch Antonias scherzhafte Reaktion auf meine Ankündigung: „Naja, so lange wirst du dann ja nicht weg sein. Viel Spaß dabei – bis nachher!"
Ich hingegen hatte mir schon die ersten Gedanken zu meinem Nach-Hause-Gehen gemacht, noch bevor ich Hanna und Antonia einweihte: Unseren lieben Freunden in Koblenz würde ich einen Besuch abstatten. Von dort aus würde ich mich zu Fuß auf den Weg machen zu unserem ländlichen Dorf Strenglin – eben nach Hause gehen. Das war zumindest der erste, spontane und sehr theoretische Gedanke, der sich in meine Begeisterung mischte. Diese Information sorgte dafür, dass Hanna, damals 14-jährig, voller Vorfreude die Frage in den Raum stellte: „Irre – bist du dann ein halbes Jahr weg?"

Auch wenn ich mein Nach-Hause-Gehen zeitlich noch gar nicht konkreter einschätzen konnte, so war ich mir doch sicher, dass ich nicht ein halbes Jahr weg sein würde und weg sein wollte.

Wir drei kamen am besagten Tag, an dem ich die Katze aus dem Sack ließ, schnell zu der Übereinkunft, dass ich erst nach Hause gehen sollte, wenn Antonia, zu dem Zeitpunkt 16-jährig, ihren Führerschein haben würde und auch allein, ohne Begleitperson, fahren dürfte. Da beide Töchter für mehrere Wochen ihren Alltag und auch den damit verbundenen Schulalltag allein zu meistern haben würden, wären sie so wenigstens unabhängig und müssten nicht für jede Tour, die anstand, ihre Großeltern, meine Eltern, um Hilfe bitten.

All dies berücksichtigt und eingeplant, stand ein Datum für die Idee im Raum: Juni 2016. Nicht früher, aber auch nicht viel später würde ich meine Freunde in Koblenz besuchen und mich von dort aus zu Fuß auf den Weg nach Hause begeben!

Damit begann eine lange Zeit der Vorfreude.

Vorbereitungen

„Die Planer planen, und das Schicksal lacht darüber."

Mohammed (570–632),

arabischer Begründer des Islam

Theoretisch hatte ich mich lange, regelmäßig und intensiv auf die Zeit, die vor mir lag und von der ich mir kaum genaue Vorstellungen machen konnte, vorbereitet. De facto kam ich lediglich zu drei konkreten Umsetzungen: Ich bemühte mich rechtzeitig um ein Ein-Personen-Zelt und um meine Wanderschuhe. Diese sollten von mir in einem ausreichenden und angemessenen Maß eingelaufen werden, weswegen sie auch fortan zu jedem noch so kleinen Spaziergang getragen wurden. Als dritte und letzte konkrete Vorbereitung war zu verbuchen, dass ich meinen Arbeitgeber in mein Vorhaben involvierte. Ich ahnte, dass ich für mein Nach-Hause-Gehen viele Wochen in Folge freihaben wollen würde. Einen Großteil dieser Zeit würde ich mit Urlaubstagen und Überstunden abdecken. Was aber, wenn ein kleiner verbleibender Rest nicht abgedeckt werden konnte? Ich gelangte zu der Überzeugung, dass ich durchaus einen unbezahlten Monat in Kauf nehmen könnte und würde – so wichtig und notwendig erschien mir mein Vorhaben. Dann stellte sich mir noch die Frage: *Informiere* ich meinen Arbeitgeber oder *frage* ich ihn? Eine Frage würde auch einem Nein Platz einräumen. Für mich aber gab es kein Nein mehr! Eine Information, sprich: „Ist so!", könnte egoistisch und anmaßend wirken. Ich vertraute darauf, dass mir in meiner informativen Fragestellung oder fragenden Information die passenden Worte einfallen würden. Mein Arbeitgeber würde erkennen, wie sehr ich an dem Vorhaben festhielt, während mir zugleich die Belange des Unternehmens keinesfalls egal waren. Außerdem vertraute ich auf meine Ahnung, dass mein Arbeitgeber kein Unmensch ist.

Der Alltag nahm seinen Lauf und forderte nach wie vor einen Großteil meiner Zeit und Energie – meine teilzeitige Festanstellung, meine freie Mitarbeit bei einem Landmagazin und einer regionalen Zeitung, meine wundervollen Töchter, das Haus, das Grundstück, meine Hobbies, die Katzen, kurz: mein Leben!

Oft genug hatte ich das Gefühl, die geplante Auszeit läge noch in so weiter Ferne, dass ich meine Vorbereitungen getrost noch das eine oder andere Mal ein Stück nach hinten verschieben könnte. Trotzdem: Ich hatte gelesen und von einer Freundin, die Erfahrungen im Pilgern hatte, gesagt bekommen, dass es ratsam sei, sich mit der Last eines gefüllten Rucksacks auf dem Rücken rechtzeitig vertraut zu machen. Machte ich – später! Auch sollte das regelmäßige Gehen längerer Strecken schon Monate vor meinem Nach-Hause-Gehen zur gewohnten Freizeitbeschäftigung werden. Machte ich – später!

Monate vergingen und mein Vorhaben rückte näher. Konkrete Vorbereitungen verschob ich weiterhin auf später, dafür war die Vorfreude mein ständiger und wohliger Begleiter. Allein die vielen, bunten Gedanken, Vorstellungen, Wünsche, Träume und Spannungen zu meinem Nach-Hause-Gehen setzten Kräfte frei und schienen verbrauchte Energiereserven wie von Geisterhand aufzufüllen.

Natürlich begegnete ich im Zeitalter von Smartphone, Tablet und Internet auch dem Vorschlag, ich solle doch über einen Blog von meinen Erlebnissen berichten.

Bloggen? Ich? Da kannte mich jemand aber schlecht. Auch wenn die Zahl der Blogbeiträge von sogenannten Bloggern im Internet stetig steigt und Millionen von Menschen weltweit über Blogs ihre Gedanken, Erfahrungen, Erlebnisse, Fotos, Kochrezepte oder sonstige vermeintliche Wichtigkeiten teilen – ich verschiebe derartiges Darstellungs- und Mitteilungsverhalten vorerst auf ein späteres Leben.

Nein, im Ernst. Ich hatte mir natürlich Gedanken darüber gemacht, was und wie mein Nach-Hause-Gehen für mich in erster Linie sein sollte. Und sehr schnell wurde mein Wunsch deutlich, dass diese Zeit einzig und allein mir zu gehören hätte. Ich wollte mir die Möglichkeit verschaffen, über einen längeren Zeitraum nur um, auf und in mich zu schauen. Ich wollte mich treiben lassen und ich wollte mich befreien. Befreien von der andauernden Gegebenheit, dass ein Großteil von dem, was mich im gewohnten Alltag umtrieb, mit den Bedürfnissen anderer Menschen zu tun hatte.

Das heißt nicht, dass mir die Bedürfnisse anderer Menschen im Wege, lästig oder gar egal sind. Das trifft weder auf meine Arbeitgeber noch auf meine Mieter und erst recht nicht auf meine Lieblingsmenschen zu. Aber endlich einmal wollte ich als erwachsene Frau eine Zeit erleben, in der es nur um mich und meine Bedürfnisse gehen würde. Ich wollte im wahrsten Sinne des Wortes „bei mir" sein. Und dazu würde in keinem Fall gehören, dass ich regelmäßig der Öffentlichkeit mitteilte, wie es mir jetzt gerade wo und weshalb ging. Also kein Blog!

Es lag mir auch fern, eine Waschmaschine vor mir herzuschieben oder mich etwa von einer Giraffe begleiten zu lassen. Solche oder ähnliche Ideen setzen manche Menschen gern um, damit sie wahrgenommen werden auf ihren Reisen. Wahrgenommen von der Öffentlichkeit, von den Medien oder zumindest doch von einem Publikumsverlag, der im Anschluss unter Umständen mit einem Knebelvertrag und Wirtschaftsinteressen verfolgend das Buch vermarktet.

Der Drang, etwas noch nie Dagewesenes zu vollbringen und dabei um jeden Preis aufzufallen, scheint bei einigen Menschen größer zu sein als das Bedürfnis, einfach nur sich selbst ein Stück näherzukommen. Mein Wunsch nach Wahrnehmung galt in dieser Zeit mir selbst.

Also auch keine Waschmaschine und keine Giraffe!

Meine wenigen Vorbereitungen beschränkten sich auf Spaziergänge mit den Wanderschuhen – davon vielleicht zwei oder drei in einem Umfang, den man Tageswanderung hätte nennen können. Auch könnte ich im erweiterten Sinne das Ausleihen des Rucksacks dazu zählen. Reicht das, um mich als gut vorbereitet dastehen zu lassen? Nein, es hilft kein Schönreden: Ich war schlichtweg schlecht vorbereitet!

Je mehr ich mich der Zeit des Nach-Hause-Gehens näherte, desto mehr bekam ich den Eindruck, dass meine Vorbereitungen, die es – wie wir jetzt wissen – kaum gab, sich nicht auf die Reise konzentrierten, sondern auf das Abarbeiten dessen, was vorher in unserem Alltag noch erledigt werden wollte und musste. Wochen vor meiner Abreise klebte ich einen DIN-A4-Zettel neben meinen Arbeitsplatz am heimischen PC, auf dem all die abzuarbeitenden Dinge standen. Als ordnungsliebende Jungfraugeborene bin ich eine echte Freundin solcher Listen. Sie verschaffen mir Überblick und sorgen dafür, dass nichts – sagen wir fast nichts – vergessen wird.

Irgendwann konnte ich den letzten Punkt auf meiner To-do-Liste durchstreichen. Auch der Lohnsteuerjahresausgleich des Vorjahres war auf seinen Weg gebracht.

Meine Bereitschaft oder vielleicht auch Fähigkeit, anderen Dingen Aufmerksamkeit zu schenken, schwand, je näher der Abreisetag rückte. Wie ein Trichter fühlte es sich an: Zum Tag X hin verengte sich mein Sichtfeld, wie sich auch eine konisch geformte Eingießhilfe nach unten hin verengt. Als wenn ich Scheuklappen trüge, die mich aufforderten, mich auf das, was noch zu erledigen war, zu konzentrieren und nichts Neues mehr an mich heranzulassen. Ich fühlte mich auf eine Art ermutigt, unser Alltagsleben langsam auf meine Töchter zu übertragen, um damit Raum für mich zu schaffen. Es schien, als wenn irgendetwas Unbewusstes diesen Wechsel von Zuständigsein und Abgeben langsam, aber doch gezielt herbeiführte.

Meine Vorfreude wandelte sich zeitweise in Aufregung, mit dem ungewissen Gefühl, was mit meinem Ohr werden würde. Denn wenige Monate bevor ich mich auf meinen Weg machte, bekam ich meinen ersten Tiefenfrequenzhörsturz, einige Wochen später den zweiten und eine Woche vor meiner Abfahrt den dritten.

Was wollte mir mein Ohr sagen? Dazu fallen mir die Worte des Fotografen und Schriftstellers Ulrich Schaffer ein:

„Geh du vor", sagte die Seele zum Körper, „auf mich hört
er nicht. Vielleicht hört er auf dich."
„Ich werde krank werden, dann wird er Zeit für dich ha-
ben", sagte der Körper zur Seele.

Genau so stellte es sich meiner Meinung nach dar. Statt *er* muss es in meinem Fall natürlich *sie* heißen. Mir schien, dass mein Körper erschöpft war von den vielen zurückliegenden Jahren der Alleinerziehung. Jetzt, da die „Mission Mama" sich langsam dem Ende näherte, schien mein Körper einzuknicken und nicht mehr zu funktionieren. Mir war, als wollte er mir mit den Hörstürzen sagen: „Fein funktioniert, Mama. Jahrelang über deine Grenzen hinausgegangen – aber nun ist Schluss damit!"

Die Ärztin vermutete eine bestimmte Erkrankung im Ohr, deren Namen ich schnell wieder vergessen hatte. Sie schloss aber wegen der Umstände auch eine stressbedingte Reaktion meines Körpers nicht aus. Und sogenannten Stress hatte ich im Endspurt wirklich. Primär nicht wegen der Dinge, die auf eben erwähnter To-do-Liste zu finden waren und sich zu Nebenschauplätzen entwickelten, sondern wegen familiärer und beruflicher Unruhen. Von daher war für mich die Theorie des stressbedingten Hörsturzes wahrscheinlicher als die Erkrankung. Die Ärztin und ich einigten uns auf „abwarten und beobachten". Sie gab mir Notfalltabletten mit, für den Fall, dass sich unterwegs ein weiterer Hörsturz einstellen würde.

Zurück zu den Scheuklappen und dem Abgeben des Alltaglebens an meine Töchter.
Ich muss zugeben, dass die letzten Tage vor meiner Abreise für mich in einer bisher unbekannten Intensität mit Loslassen zu tun hatten und mir einiges abverlangten. Es war das erste Mal, dass ich meinem Zuhause für so viele Wochen den Rücken kehren würde. Und somit würde es auch das erste Mal sein, dass ich meine Töchter für so lange Zeit allein lassen und sie nicht sehen würde. Ich beruhigte mich selbst, indem ich mir bewusst machte, wie groß meine Töchter inzwischen waren. Außerdem wohnten meine Eltern, ihre Großeltern, in unmittelbarer Nähe. Zudem würde ich mein Handy mitnehmen, was einen Austausch ermöglichen würde.

Einen Austausch, von dem keiner so recht wusste, in welchem Maß er gewünscht, gebraucht oder notwendig werden würde. Alles „Daumen nach oben"-Aspekte und trotzdem fiel mir die Übergabe des Alltags in die Selbstverantwortung meiner Töchter schwer.

Und ja, es stellte sich ein mulmiges Gefühl ein, kurz vor meinem „Take-off". Hatte ich mich monatelang oder, um es konkret zu sagen, anderthalb Jahre mit einer Vorfreude auf diese Zeit beschenkt, so verwandelte sich dieses willkommene Gefühl in den letzten Tagen vor meinem Start in Beklommenheit und auch in innere Unruhe. Diese nervöse, innere Unruhe bewirkte zu keiner Zeit, dass ich mein Vorhaben grundsätzlich anzweifelte oder es gar infrage stellte. Nein, sie schien ungeduldig den Start herbeizusehnen, denn mein Gefühl war, dass einzig und allein der Startschuss für mein Nach-Hause-Gehen meine Ruhelosigkeit und Überspanntheit beenden konnte.

Die Wanderschuhe

„Urteile nie über einen Menschen, bevor du nicht sieben Meilen in seinen Schuhen gegangen bist."

Indianische Lebensweisheit

Den Wanderschuhen widme ich gern ein eigenes Kapitel, denn sie sind ein Geschenk meiner Mutter – sozusagen ein Hochzeitsgeschenk. Das wäre nicht weiter ungewöhnlich, ist es in meinem Fall aber doch, weil ich gar nicht verheiratet war und bin.

Das klingt verwirrend?

Es ist nicht unüblich, dass Mütter ihren Töchtern oder auch Schwiegertöchtern etwas ganz Besonderes schenken möchten, wenn der sogenannte „schönste Tag im Leben" naht. So tat es auch meine Mutter mit Herzensfreude.

Meine Schwägerin, meine ältere Schwester und meine Zwillingsschwester – alle wählten ihrerzeit ein Erinnerungsstück, über welches sie sich zeitlebens freuen und es mit lieben Erinnerungen an ihre Mutter oder Schwiegermutter in Verbindung bringen würden.

Jahre vergingen, und für mich war es eine längst beschlossene Sache: Heiraten gehört nicht zu meinen persönlichen Wünschen und Zielen. Diese Gegebenheit veranlasste meine Mutter, mir zu eröffnen, dass sie mir „trotzdem" etwas schenken wolle, etwas Bleibendes!

Ich war gerührt und freute mich, dass mir ein Erinnerungs-
stück von meiner Mutter nicht vorenthalten bleiben würde,
nur weil ich die Institution Ehe als nicht für mich geschaf-
fen empfand.

Ich sollte mir überlegen, worüber ich mich freuen würde –
sie wusste, dass ich auf Schmuck keinen Wert legte. Mir
kam schnell der Gedanke, wie schön es wäre, mein geplan-
tes Nach-Hause-Gehen mit irgendetwas von meiner Mutter
in Verbindung zu bringen. Beide waren etwas Besonderes:
von meiner Mutter wusste ich es, von der bevorstehenden
Zeit ahnte ich es!

Also wünschte ich mir von ihr ein Paar Wanderschuhe.
Diese würden nicht nur Teil meiner Reise werden, sondern
auch darüber hinaus Teil meines Lebens – davon war ich
überzeugt. Selbst wenn die Schuhe irgendwann einmal in
einem derart zerzausten, kaputten Zustand sein sollten,
dass ich sie nicht mehr würde tragen können, würde ich sie
nicht wegschmeißen. Sie würden dann von mir zu einem
dekorativen Blumentopf oder großzügigen Stifthalter um-
funktioniert werden. Irgendetwas würde mir schon einfal-
len, daran hatte und habe ich keinen Zweifel.

Meine Töchter werden ihren Kindern später erzählen: „Da-
mit ist eure Oma einige Wochen unterwegs gewesen! Es
war ein Hochzeitsgeschenk für eine Hochzeit, die es nie
gegeben hat. Eine Hochzeit eigener Art!" Und die Enkel
werden vielleicht denken und sagen: „Ein bisschen ver-
rückt waren Oma und Uroma schon, nicht wahr?"

Somit wurde ich wenige Wochen später Besitzerin von Re-
negade-Wanderschuhen der Marke Lowa, Größe 40, Farbe
Anthrazit.

Dieser Schuh war ein Glücksgriff, und zudem schien er ein
sehr populärer Schuh zu sein, wie ich im Laufe meines spä-
teren Nach-Hause-Gehens feststellte: Zweimal wurde ich
darauf angesprochen.

„Wie ich sehe, haben Sie das richtige Schuhzeug. Das ist
doch der Renegade, nicht wahr?", fragte mich eine nette

Frau, nachdem ich ihre Toilette benutzen durfte. Es war irgendwo auf meinem Weg zwischen Lahn und Eder. Ich musste dringend auf die Toilette und war immer sehr bemüht, dieses nicht hinter einem Knick zu erledigen. Dafür legte ich schnell meine kaum vorhandenen Hemmungen ab und fragte auch wildfremde Menschen, wenn ich sie auf ihrem Grundstück sah, ob ich ihre Toilette benutzen dürfte. Bis auf einmal stieß ich durchweg auf freundliche, hilfsbereite Menschen, die mich gewähren ließen. So kam es, dass ich kaum „wild pischte". Das hatte zur Folge, dass ich meine Geschicklichkeit im „Hinterm-Knick-Pischen" kaum weiterentwickeln konnte. Aber irgendwas ist ja immer!

Zurück zu den Wanderschuhen.

Nachdem ich in Besitz dieses wirklich überaus bequemen Schuhzeugs kam, begann ich, dieses – wie mir geraten wurden war – einzulaufen. Ich nutzte dafür mal längere, mal kürzere Spaziergänge, und immer wieder hatte ich Freude an diesen Schuhen.

Aber dann geschah es: Wenige Monate, bevor mein Nach-Hause-Gehen starten sollte, fing der linke Schuh beim Gehen an zu quietschen. Es war ein nerviges, lästiges Geräusch. Wenn ich es auf meinen Spaziergängen erst einmal wahrgenommen hatte, war es mir kaum mehr möglich, meinen Gedanken beim Gehen freien Lauf zu lassen. Das Quietschen schien übermächtig. Fortan war ich beim Gehen in aufmerksamer Wartehaltung, um das nächste Quietschen ja nicht zu verpassen.

Wie primitiv kann der Mensch eigentlich sein?

Etwas nervös fragte ich beim Händler nach, kontaktierte zudem einen Schuhmachermeister und bekam die fachkundige Information, dass eine innenliegende Membran zwischen Innen- und Außenhaut des Schuhs das Problem verursachen würde.

„Auf jeden Fall können Sie den Schuh einschicken und bekommen Ersatz!" Da waren sich Händler und Schuhmachermeister einig.

Nur verkannten sie mein vorrangiges Problem, wegen welchem ich auch zuverlässig belächelt wurde: Inzwischen nämlich war nicht mehr das Quietschen an sich meine größte Beschwernis, sondern vielmehr meine nicht vorhandene Bereitschaft, diesen Schuh wieder abzugeben! Ich hing bereits sehr an diesen Schuhen, waren sie doch ein Geschenk meiner Mutter zur nicht geschlossenen Heirat. Der Gedanke, dass ich mit anderen Schuhen mein Nach-Hause-Gehen erleben würde, löste enormes Unbehagen aus. Folglich ignorierte ich Händler und Schuhmachermeister und entschied mich für einen anderen Plan: Ich wollte versuchen, das Quietschen lieben zu lernen. Es musste doch möglich sein, mich so zu manipulieren, dass ich das lästige Geräusch mit herzlicher Dankbarkeit entgegennehmen und mich dadurch nicht meiner schönen Gedanken beim Gehen berauben lassen würde. Ich werde das Quietschen lieben, so sehr, dass ich nie mehr Schuhe tragen möchte, die nicht quietschen! So zumindest mein Plan! Ich wollte so sehr, dass es klappt. Mit keinen anderen Schuhen, als denen, die ein Geschenk meiner Mutter waren, wollte ich diesen Weg gehen. Es gab für mich keine Alternative! Trotzdem: Ernüchtert und auch enttäuscht stellte ich nach diversen Spaziergängen fest, dass es mir nicht gelang. Das Quietschen beherrschte meine Gedanken beim Gehen – ob ich wollte oder nicht. Wenn es quietschte, dachte ich: Siehste, da ist das Quietschen! Und wenn es mal nicht quietschte, dachte ich: Wo ist das Quietschen? Wieso quietscht es jetzt nicht?

Quietsch, quietsch, quietsch!

Ich ergab mich den Umständen und bestellte im Internet ein weiteres Paar dieser Schuhe. Denn nach wie vor kam es für mich nicht infrage, die geschenkten Schuhe zum Hersteller zurückzuschicken, da mir nicht garantiert werden konnte, dass ich diese, genau diese, zurückbekommen würde. Wenn ich schon nicht in diesen Schuhen laufen würde, so sollten sie doch das Geschenk meiner Mutter bleiben.

Es ergab sich, dass ich Tage später in einen Outdoorladen ging, um nach einem Ein-Personen-Zelt für meine bevorstehende Zeit zu schauen. Ich trug meine Quietsch-Schuhe, weil die Lieferung der neuen noch auf sich warten ließ. Einer der Verkäufer begrüßte mich statt mit den Worten „Guten Morgen!" mit dem Hinweis: „Ihre Schuhe brauchen dringend Fett! Das sehe und höre ich sofort!"

„Meinen Sie?", fragte ich und erzählte ihm ungefragt

meine inzwischen wochenlange Leidensgeschichte bezüglich des linken Schuhs. Das tat ich ähnlich emotional und ergriffen, wie ich über Entführungen, Zwangsadoptionen oder vertauschte Babys in Krankenhäusern sprechen würde. Ich hatte keinen Zweifel, dass auch er, der Verkäufer, der kundenfreundlich zuhörte, sich über meine Art der Trauerarbeit lustig machte. Vielleicht nahm er sich vor, sein Schmunzeln zu unterdrücken, aber es gelang ihm nicht gänzlich, und seine Gedanken wurden in seinem Gesichtsausdruck lesbar.

„Versuchen Sie es erst einmal mit kräftigem Einfetten. Vielleicht wird sich das Quietschen dann schon erledigen", war sein fachmännischer, fast tröstender Tipp.

Wieder zu Hause tat ich, wie mir empfohlen, obwohl ich wenig Hoffnung hatte, dass das Fett helfen könnte. Für mich war die Situation eindeutig: Der Verkäufer nahm mich nicht ernst und verkannte mein Problem aufs Äußerste! Immerhin – ich bestand inzwischen darauf – hatte ich es seit Wochen mit einem handfesten wie hartnäckigen Membran-Produktionsfehler zu tun. Das fettet man nicht einfach mal so weg!

Aber tatsächlich: Dieser fettempfehlende, meinen Ablöseschmerz nicht ernst nehmende Verkäufer sollte mein Held werden. Zwar nicht in dem Maße, dass die Wanderschuhe sich doch noch als ein richtiges Hochzeitsgeschenk entpuppten, aber immerhin! Ich fettete und fettete. Auch die Empfehlung eines Schwagers, noch mal und noch fettiger zu fetten, setzte ich in die Tat um. Und siehe da: Das Quietschen verschwand!

Schon bald konnte ich in meinen Schuhen wieder spazieren gehen, ohne meine Gedanken auf ein vorhandenes oder auch nicht vorhandenes Quietschen auszurichten.

Zu dem Zeitpunkt wurde mein bestelltes Ersatzpaar geliefert. Auch dieses Paar Lowa Renegade in Größe 40, diesmal Farbe Stein, wurde von mir nicht zurückgeschickt, denn die konnten ja auch nichts für die ganze Misere!

Wochen später startete ich dankbar und sehr glücklich mein Nach-Hause-Gehen mit den Wanderschuhen, welche meine Mutter mir zur Hochzeit, die es nicht gab, geschenkt hatte.

Der Zug rollt

„Was wunderst du dich, dass deine Reisen dir nichts nützen? Bist du es nicht selber, den du herumschleppst? Was dich forttrieb, sitzt dir unmittelbar auf dem Nacken."

Sokrates (470–399 v. Chr.),

griechischer Philosoph

Langsam setzt sich der Zug in Bewegung. Ich habe mich auf meinem Platz, einem Fensterplatz an einem Tisch, eingerichtet: den Rucksack samt Isomatte in der Ablage verstaut; meinen Kugelschreiber, die eigens für diese Reise gekaufte Kladde, etwas zum Lesen und Fahrkarte vor mir liegen; Schuhe und Strümpfe ausgezogen, weil es warm ist und ich liebe es, barfuß zu sein; und ich denke… Was denke ich überhaupt?

Während ich nicht weiß, was ich denke, zieht im schneller werdenden Tempo das blaue Schild mit der weißen Aufschrift *Lübeck Hbf* an mir vorbei. Vielmehr zieht der Zug vorbei, das Schild verändert seine Position nicht. Aber es sieht aus dem Zug heraus anders aus. Ich freue mich, die Bahnhofsatmosphäre hinter mir zu lassen, denn sie behagt mir nicht. Der Hauch von Reise- oder Urlaubsflair, welchen ein Bahnhof auch versprühen kann, kommt selten gegen mein Gefühl von Hetze, Schmutz und den mir zuweilen unheimlich erscheinenden Menschen an. Ich kann nicht leugnen, dass ich Unbehagen empfinde, wenn ein offensichtlich betrunkener, ungepflegt erscheinender, übel riechender Mensch mir zu nahe kommt.

Die große Überdachung des Bahnhofsgeländes rückt in weitere Ferne. Mir stehen Tränen in den Augen. Tränen, von denen ich mir nicht sicher bin, welchem Ereignis ich sie zuordnen kann. Sind es noch Tränen vom Abschiednehmen von Hanna und Antonia? Oder sind es schon Tränen der Freude über den Beginn meiner lang herbeigesehnten Auszeit – meines Nach-Hause-Gehens? Ich weiß es nicht. Es spielt auch keine gesteigerte Rolle. Eines scheint sicher: Der Zug rollt!

Antonia und Hanna ließ ich das erste Mal in unserem gemeinsamen Leben für ungefähr sechs Wochen allein. Es war nicht so, dass ich mir Sorgen machte oder ihnen irgendetwas nicht zutraute. Es war nur, wie gesagt, das erste Mal für einen so langen Zeitraum, und ich kann sehr sentimental sein! Wir hatten uns im Parkverbot in einer Seitenstraße am Bahnhof voneinander verabschiedet, da kein Parkplatz zu finden war und es irgendwann für mich Zeit wurde, meinen Bahnsteig aufzusuchen. Somit wurde der Abschied keine lang ausgedehnte, verweinte Veranstaltung, sondern ein verkürztes, aber dennoch festes und inniges gegenseitiges Drücken, bei dem wir uns alle eine schöne Zeit wünschten. Feuchte Augen hatten wir alle drei.

Es geht los! Endlich! Dankbarkeit! Durchatmen! Mulmig! Freude! Abschiedsschmerz!

Zuvor am Bahnhof hatte ich mir noch den neuen „Readers Digest" geholt, denn immerhin würde ich mir für sechs Stunden im Zug die Zeit vertreiben müssen.

Während ich das denke, erinnere ich mich zeitgleich daran, dass ich das Wort „müssen" weitgehend aus meinem Vokabular streichen will. Ich muss mir nicht für sechs Stunden die Zeit vertreiben, ich werde oder ich darf. Seit einiger Zeit schon bin ich bemüht, einen bewussteren Umgang mit Worten zu pflegen. Dieser Bedarf entstand aus meiner Überzeugung, dass Worte Einfluss auf mein Gemüt und meine Stimmung nehmen und somit die innere Haltung mitbestimmen. Das Wort „muss" erzeugt unbewusst Druck und manchmal Widerwillen. Es kann mich in Passivität versetzen, weil ich das Gefühl bekomme, etwas zu müssen, was ich gar nicht möchte. Sehr oft kann ich das Wort „muss" zum Beispiel durch „werde", „will" oder „möchte" ersetzen, was wiederum zu einer bewussten, bejahenden Haltung führt. Damit entgehe ich einem Gefühl von Ausgesetztsein und erinnere mich gleichzeitig daran, wie wenig ich in diesem meinem Leben wirklich muss. Dieses Bewusstsein wiederum ist befreiend. Ich bin inzwischen davon überzeugt, dass ich nicht einmal arbeiten und Geld verdienen muss. Es gibt aber zwei oder vielleicht auch drei gute Gründe für mich, es doch zu tun. Und diese Gründe, wenn ich sie mit Bedacht für mich als passend und stimmig erkenne, nehmen den unangenehmen Druck und geben mir nicht nur ein gutes Gefühl, sondern ermöglichen mir auch das Erleben von Selbstbestimmung.

Es sind wenige Leute im Abteil. Erfahrungsgemäß wird es anders, wenn Hamburg erreicht ist. Bis dahin bleibt mir gut eine halbe Stunde, in der ich meine Gedanken zu sortieren versuche. Wieso überhaupt sortieren? Vielleicht, weil ich ordnungsliebend und strukturbegeistert bin? Es erscheint mir alles sehr unwirklich und schwer fassbar, aber ich bemerke abermals: Der Zug rollt!

Er rollt in Richtung Koblenz. Das besagt zumindest meine Fahrkarte, die vor mir liegt und mit feuchten Augen von mir studiert wird. Lübeck Hbf – Koblenz. Nur hin. Nicht zurück. Irreal erscheint mir in dem Moment der Gedanke, dass ich den Rückweg zu Fuß gehen will und werde.

Wie vermutet, füllt sich ungefähr eine halbe Stunde später, während des kurzen Aufenthaltes in Hamburg, der Zug. Eine Dame gesellt sich zu mir an den Tisch. Sie setzt sich mir gegenüber. Ihr Ziel ist Köln, womit klar wird, dass wir eine längere Zeit unsere Gesellschaft genießen werden. Vielleicht wird es auch kein Genuss werden?

Aber da ist es wieder: mein Bemühen, positive Formulierungen zu wählen. Eine weitere ältere Dame wird von zwei Männern an ihren Platz, den freien Sitz neben mir, begleitet. Sichtlich bemüht sind sie, die Dame mit einem wohligen, sicheren Gefühl zurückzulassen. Wie ich kurze Zeit später erfahre, sind es Sohn und Enkel, die sie so liebevoll zu ihrem Platz bringen, bevor die Dame ihre Heimreise allein antreten wird. Ich mag es, wenn man ältere Menschen gut behandelt. Woher diese Achtung vor alten Menschen kommt, weiß ich nicht. Ohne deren Lebensgeschichte zu kennen, habe ich einen gewissen Respekt vor dem, was sie hinter sich haben könnten. Ich denke dabei unweigerlich an den Zweiten und hoffentlich letzten Weltkrieg. Ich denke an Entbehrungen, Krankheiten, erlebte Verluste, aber auch an viele erfüllte, ereignis- und erfahrungsreiche Jahre, die sie zu ihrem Leben zählen können. Ich wünsche mir, dass auch mir das sogenannte Alter vergönnt sein wird!

Bevor sich der Zug zur Weiterfahrt in Bewegung setzt, verabschieden sich Sohn und Enkel von der Dame. Ich kann nicht anders, als meine Gedanken auszusprechen: „Machen Sie sich keine Sorgen, sie ist ja nicht allein, wir achten auf sie!"

Wen ich in dem Moment mit „wir" meine, weiß ich nicht genau. Anscheinend habe ich unbewusst auch der Dame aus Köln, die mir gegenüber sitzt, den Auftrag der Mit-Fürsorge erteilt. Immerhin sitzen wir alle zwar nicht im selben Boot, aber immerhin am selben Tisch im selben Zug! Gute Voraussetzungen für ein Wirgefühl, denke ich.

Und wenige Augenblicke später bemerke ich erneut: Der Zug rollt!

Starthilfe in Koblenz

„Nicht den Sieg, sondern den Weg zum Ziel gilt es zu schätzen."

Chinesisches Sprichwort

Mit Tränen in den Augen habe ich mich nach einem stärkenden Frühstück im verregneten Koblenz von meiner Freundin aus der Mainzer Straße verabschiedet. Alle anderen, ihr Mann und die Kinder, hatten bereits das Haus verlassen: Arbeit – Schule! Die Abschiedstränen trockneten schnell, denn im Grunde meines Herzens war ich nicht traurig, sondern voller Freude über den Augenblick und auch voller Vorfreude auf das, was vor mir lag.

Keine halbe Stunde später, einige Querstraßen hinter mir lassend und inzwischen auf der anderen Rheinseite angekommen, bleibe ich stehen. Blick nach links – Blick nach rechts. Was hat sie, meine ortskundige Freundin, noch gesagt? Zuerst links, dann zweimal rechts? Oder war es andersrum? Typisch! Ich muss schmunzeln. Keine halbe Stunde unterwegs und schon verlaufen. Zumindest nicht wissend, wo es lang geht. Typisch Inge! Das ist das erste Mal auf meiner Reise, dass ich meine Wanderkarte zur Hilfe nehme. Diese hat ihren Platz in meiner kleinen, schwarzen Bauchtasche erhalten. In der verstaue ich Dinge, die ich schnell und oft griffbereit haben will: die EC-Karte, etwas Geld, das Smartphone, den Jugendherbergsausweis und die besagte Wanderkarte. Zu einer anderen Zeit der Reise kommen noch Tampons dazu, und die Landkarte wurde im Laufe des Nach-Hause-Gehens ausgetauscht – das heißt, dass ich eine Karte, wenn sie einen Bereich abdeckte, den ich bereits hinter mir gelassen hatte, mit der Post nach Hause schickte und eine aktuelle Karte in die Bauchtasche einziehen durfte.

Nun ja – ich stehe immer noch da. Zufrieden, bereit für Abenteuer, aber ohne die geringste Ahnung, wie ich den Weg aus dieser Stadt finden kann, um den Anschluss an den Horchheimer Wald zu erreichen. Dieser Wald soll Teil meiner ersten Tagesroute werden.

Wenn all das, was in dem Moment an positiven Gedanken, Freude und Neugier in mir vorhanden ist, negative Gedanken oder Angst wären, dann wäre diese Station meiner Reise gleichzeitig das Ende meiner Reise.

„Inge, wie willst du von hier nach Hause finden, wenn du nicht einmal den Weg aus Koblenz herausfindest?", stelle ich mir schmunzelnd die Frage. Aber zum Glück haben negative Gedanken und Angst gerade keine Chance, und so warte ich auf die nächste Begegnung mit einem Menschen, der mir ortskundig erscheint. Das dauert auch nicht lange; wie erwähnt, ich befinde mich in Koblenz, und das lässt vermuten, dass eine Begegnung mit der Zivilisation bei Weitem schneller und öfter stattfindet, als ich es in meinem

Heimatdorf Strenglin zu erwarten hätte. Koblenz ist eben Koblenz, und Strenglin ist Strenglin – mehr Kühe als Menschen. Obwohl ich das noch nie nachgezählt habe, benutze ich oft diesen Satzteil, um meinem Gegenüber zu verdeutlichen, wo und wie ich lebe.

Tatsächlich muss ich nicht lange warten, bis sich mir eine Frau mit Hund nähert. Diese Person werde ich ansprechen in der Hoffnung, dass sie mir den rechten Weg weisen kann.

Die nette Frau mit ihrem Hund Chip bestätigt mein Empfinden: Die Natur hat kaum etwas mit der Darstellung meiner Karte gemeinsam. Aus meiner Erzählung hört sie aber heraus, welchen Weg ich anstrebe. Der Blick auf die Karte verunsichert auch die Dame zunehmend. Bald ist sie selbst nicht mehr sicher, dort zu sein, wo sie zu sein glaubt. Somit entscheiden wir uns dafür, die Karte, welche die nette Dame mit dem Hund nur des Gefühls der Ortskenntnis beraubt, zu ignorieren.

Nachdem sie sich, von meiner Karte noch ganz schwindelig, an der Natur orientiert hat, stellt sie schnell fest: „Wir haben ein Stück weit einen gemeinsamen Weg. Wenn Sie möchten…?"

„Super. Gerne. Danke."

Unser gemeinsames Stück erweist sich als ein Zick und Zack von Straßen, ein Abbiegen in Pfade, die ich nie als solche wahrgenommen hätte.

„Ohne Sie hätte ich den Weg nicht gefunden!", bin ich mir sicher.

„Ja, wenn man es nicht kennt, ist es sehr verworren", bestätigt die Frau, die immer wieder ihren Hund zu sich ziehen muss. Er scheint mich zu mögen und drängelt sich während des Gehens immer wieder vor mich, um dann abrupt stehen zu bleiben und mich mit freundlichem Blick, nach Zuwendung heischend, anzuschauen.

Das zwingt unseren Drei-Lebewesen-Treck immer wieder zum unvermittelten Stehenbleiben. Die Frau redet genervt auf Chip ein und ich nutze jeden Stopp, um seiner nachdrücklichen Aufforderung zu entsprechen. Die Frau erzählt mir von Chip. Chip ist ein sogenannter Tötungshund aus Kroatien. Er hat eine kleine Macke, aber die ist liebevoll und anscheinend ungefährlich.

Wir haben eine nette Unterhaltung. Es ist meine erste auf dieser Reise und soll nicht die einzige bleiben. Auch die Fragen, die sie mir stellt, soll ich nicht das einzige und letzte Mal beantworten: „Haben Sie denn gar keine Angst?" und „Ganz alleine?"

Nach ungefähr zwanzig Minuten trennen sich unsere Wege. Ich habe durch sie den Anschlusspunkt des besagten Waldes im Blick. Dankbar verabschiede ich mich von ihr und Chip, der es wahrlich gut getroffen zu haben scheint mit seinem neuen Frauchen. Sie hat uns beiden, Chip und mir, Glück gebracht. Jedem auf seine Weise. Chip ist endlich ein qualfreies Leben vergönnt und ich hätte ohne sie niemals mein Buch über diese Wanderung schreiben können, weil ich ohne sie wahrscheinlich immer noch in Koblenz umherirren würde.

Burkard Böhler

„Einander kennenlernen, heißt lernen, wie fremd man einander ist."

Christian Morgenstern (1871–1914),
deutscher Schriftsteller

Folgendes ist mir nicht fremd: Ich sehe einen Menschen und habe blitzartig das Gefühl, diesen zu kennen. Gleichzeitig habe ich aber keine konkrete Vorstellung davon, woher ich diesen Menschen kennen könnte. Ich grübele dann, wo oder wann ich dieser Person bereits begegnet bin. War es beim Einkaufen? Beim Arzt? War es auf einer früheren Arbeitsstelle? Auf einer Feier? Oder bin ich gar mit ihm oder ihr in zweiter oder dritter Linie verwandt? In der Regel kann ich das Geheimnis nach einigen Augenblicken des Nachdenkens und Erinnerns lüften. Wie erwähnt, derartige Situationen sind mir nicht fremd. Fremd ist aber, dass ich das eben erwähnte Gefühl an einem Ort habe, an dem ich mich definitiv das erste Mal in meinem Leben aufhalte: Laurenburg an der Lahn.

Ich starte mein Gehen mit einer winzigen, für mich nicht untypischen Orientierungsschwäche. Die Karte sieht wieder mal anders aus, als es die Natur hergibt. So kommt es, dass ich an einem Bahnübergang in dem Ort versuche, die Karte mit der Natur in Einklang zu bringen. Die Bahnschranken werden genau in dem Moment wegen eines herannahenden Zuges heruntergelassen und ein paar Autos bilden eine kurze, wartende Schlange. Diese Gegebenheit nutze ich, um den Fahrer des ersten Autos direkt anzusprechen und nach dem Wanderpfad, den ich suche, zu fragen. Ich vertraue darauf, dass er ortskundig ist und mir helfen wird. Er ist auch prompt sehr hilfsbereit und bietet mir an, mit auf meine Karte zu gucken. Dafür parkt er sein Fahrzeug auf einem Stellplatz am Rande, damit er für die anderen Autos kein Hindernis darstellt, wenn die Schranken die Fahrt wieder freigeben. Ein kurzer Dialog reicht, damit ich das eigenartige Gefühl nicht loswerde, diesen Mann zu kennen. Woher kenne ich ihn? Gleichzeitig erkläre ich mich ein wenig für verrückt. Warum sollte ich hier jemanden kennen? Ich bin noch nie in dieser Gegend gewesen, was meine derzeitige Orientierungsschwäche bestätigt. Ist das bereits eine Folge von ungefähr siebzig Stunden Alleinsein, die hinter mir liegen? Ist es Wunschdenken? Wahnvorstellungen durch Glücksgefühle?

Inzwischen schauen wir beide auf die Karte, die wir auf der Motorhaube seines Autos ausgebreitet haben. Ich zeige ihm den Pfad, den ich gehen will und er zeigt mir durch hinweisende Arm- und Handbewegungen, wo der in der Natur zu finden ist.

Woher kenne ich diesen Mann?
Inge, du kennst hier niemanden!

Dann zeigt er mir noch den Weg, den er mir wärmstens empfehlen würde, weil er einfach wunderschön zu gehen sei. Auf meiner Karte allerdings ist der vorgeschlagene Weg nicht durchgängig als Weg gekennzeichnet, auf dem ich mein Tagesziel – welches es nicht immer gibt – hätte erreichen können.

Woher kenne ich diesen Mann?
Inge, du kennst hier niemanden!

Der Mann ist offensichtlich ortskundiger als meine Karte, und so versichert er mir, dass der von ihm nahegelegte Weg sehr wohl durchgängig zu begehen sei. Gerade im Hinblick auf den schweren Rucksack würde er von dem Pfad absehen, den ich mir ursprünglich ausgeschaut hatte. Dieser zeichnet sich auch ohne Gepäck durch einen kräftezehrenden Wechsel von Steigung und Gefälle aus. Zudem habe ein zurückliegendes schweres Unwetter die Region stark getroffen und Schäden an Radwegen und Wanderpfaden hinterlassen, die mancherorts immer noch nicht wieder behoben worden seien. Insbesondere die Schäden an den Wanderpfaden seien nicht so schnell repariert worden, wie die an den Radwegen.
Ich bin dankbar für die hilfreichen Hinweise dieses netten Mannes und erzähle ihm dann doch – auch auf die Gefahr hin, dass ich mich blamiere – von meinem eigenartigen Gefühl: „Wissen Sie, ich habe das Gefühl, Sie irgendwie zu kennen. Aber das kann nur Blödsinn sein!"

Er lächelt und bestätigt sehr zu meinem Erstaunen: „Ja, Sie sind doch gestern an der Schleuse Kalkofen vorbeigekommen. Wir sprachen kurz miteinander."

Ich bin erfreut – erfreut über zwei Dinge: Erstens über die Tatsache, dass mein Bauchgefühl, diesen Mann zu kennen, mich nicht gänzlich getäuscht hat und ich somit die Kontaktaufnahme mit einem Hirnforscher vorerst vertagen kann. Zweitens erfreut darüber, dass mir mit dieser erneuten Begegnung in der Phase, in der ich mich an das Alleinsein noch gewöhnen muss, ein Gefühl von ansatzweiser Vertrautheit beschert wird. Allein die Vorstellung, dass ich hier jemanden kenne, tut mir gut.

Der Mann war, als ich ihn an der Bahnschranke in seinem Pkw ansprach, gerade auf dem Weg zu seinem Arbeitsplatz, der besagten Schleuse, wovon es an der Lahn gut zwanzig Stück gibt. Er hatte mich, wie er sagte, gleich wiedererkannt. Einen Vorteil hatte er, denn ich hatte exakt die gleichen Klamotten an wie am Vortag, und der gleiche schwarz-orangefarbene Rucksack schmückte meinen Rücken. Ich hingegen begegnete am Vortag einem Mann in voller Arbeitsmontur, der sichtlich bereits einige Stunden geschafft hatte und in dieser Situation am Bahnübergang stand mir ein frisch geduschter Mann in ziviler Kleidung gegenüber.

Nach einem erneuten kurzen, netten Plausch verabschieden wir uns. Er versichert mir noch, dass er einer weiteren zufälligen, dritten Begegnung mit Freude entgegensehen würde. Charmeur! Ich bedanke mich für seine Hilfe und komme durch seine Empfehlung, der ich gern folge, für mehrere Stunden in den Genuss eines wunderbaren Weges unmittelbar an der Lahn – dem wohl schönsten Abschnitt an diesem Fluss.

Außerdem starte ich, nachdem wir meine Orientierungsschwäche beseitigt haben, mit einem gestärkten Gefühl. Gestärkt durch eine schöne, gesellige, wenn auch kurze Begegnung und auch ein wenig getragen von dem Gefühl, jemanden zu kennen, welches mir an dem Morgen so ausgesprochen guttut. Wir haben während unserer Begegnung keine Namen ausgetauscht. Diese Wissenslücke fülle ich gekonnt mit einer wunderbaren Fähigkeit, die Kreativität oder zuweilen auch Fantasie genannt wird. Sein Autokennzeichen verfügt neben dem Kürzel für den Landkreis zusätzlich noch über die Buchstaben BB. Weil mir, wie erwähnt, der Gedanke „Den kenne ich!" in dieser Phase des ungewohnten Alleinseins sehr zuträglich ist und weil nicht selten die Buchstaben am Autokennzeichen die Initialen des Fahrzeughalters verraten, nenne ich ihn fortan völlig frei erfunden Burkard Böhler. Burkard ohne h.

Er sieht auch tatsächlich aus wie ein Burkard.

Woher kenne ich diesen Mann?
Inge, das ist doch Burkard von der Schleuse!

Gewöhnen ans Alleinsein

„Wenn du Einsamkeit nicht ertragen kannst, dann lang-
weilst du vielleicht auch andere."

Oscar Wilde (1854–1900),
irischer Schriftsteller

Wenn ich rückblickend auf mein Nach-Hause-
Gehen schaue, dann sage ich pauschal: „Vier
von fünf Wochen habe ich das Alleinsein ge-
nossen."
Es ist nicht so, dass es sich um eine zusammenhängende
Woche handelte, die in Bezug auf das Alleinsein das Prä-
dikat „nicht genussvoll" erhielt, während die restlichen
vier Wochen als „genussvoll" betitelt wurden. Die besagte
Woche ist vielmehr die Summe aus einzelnen Tagen, Pha-
sen am Tag oder sogar nur aus einzelnen Augenblicken.
Tatsächlich gab es bereits Tage oder Phasen in der ersten
Woche, in denen ich frei von Heimweh oder einer unange-
nehmen Einsamkeit war. Im Gegenzug dazu gab es auch in
den späteren Wochen immer mal wieder einzelne Mo-
mente am Tag, an denen mich ein unausgefülltes oder in-
komplettes Gefühl plagte, was ich dem ungewohnten Al-
leinsein zuschrieb. Ich schreibe bewusst von der unange-
nehmen Einsamkeit, denn aus meinem Erleben heraus gibt
es durchaus auch Einsamkeit, die sich sehr gut anfühlt.

In der ersten Woche musste ich mich – so empfand ich es – an das Alleinsein gewöhnen. Besonders in den Abendstunden oder wenn ich in einem Lokal oder Biergarten einkehrte, bekam das Alleinsein bisweilen einen unangenehmen Beigeschmack. Ich war mir nicht sicher, ob es wirklich ein unangenehmes oder einfach nur ein ungewohntes Gefühl war. Auf jeden Fall fühlte es sich an, als wenn Sand im Getriebe wäre.

Manchmal saß ich da und fühlte mich – wie kann ich es ausdrücken? – irgendwie abgebrochen, unvollständig oder halbrund. Wie ein Nenner ohne Zähler; wie Hänsel ohne Gretel. In diesen Momenten sehnte ich mich nach Gesprächen mit vertrauten, bekannten, geschätzten oder gar geliebten Menschen. Aber derartige Gespräche waren für diese Wochen nicht vorgesehen. Bekannte und Vertraute würden mir frühestens am letzten oder vorletzten Tag meiner Reise begegnen. Dann, wenn ich mich wieder im näheren Umfeld meines Zuhauses bewegen würde. Aber bis dahin musste ich dem versandeten Getriebe anders beikommen. Wie zum Beispiel an den beiden Abenden in der ersten Woche auf dem Zeltplatz in Limburg an der Lahn.

Inmitten des Hochbetriebes im Zeltplatzgetümmel empfinde ich Einsamkeit. Große, unangenehme Einsamkeit. Ich sehne mich nach drei Tagen des Unterwegsseins nach irgendetwas oder irgendjemand Vertrautem. Aber mir ist nichts vertraut. Weder die Gegend noch die Menschen um mich herum. Da hilft auch mein „Pseudo-Bekannter"

Burkard Böhler nicht weiter, der mich zumindest für einige Zeit des Tages das Vermissen der Vertrautheit hat vergessen lassen. Ich liege in meinem Zelt, welches mir eine eingeschränkte und überschaubare Weite verleiht und fühle mich isoliert. Isoliert von allem und jeden um mich herum. Gleichzeitig versuche ich mir bewusst zu machen – sozusagen zum Trost –, wie viele Steigerungen meiner Situation es gibt. Von wegen: Nichts scheint mir vertraut. Immerhin bewege ich mich in einem Land, dessen Sozialisation mir bekannt ist, ich höre überwiegend eine mir verständliche Sprache, und die Menschen um mich herum sehen weitgehend so aus, als kämen sie aus meinem Kulturkreis. So viel Vertrautheit umgibt viele Menschen, die unter Todesangst ihre Heimat verlassen, nicht mehr.

Diesen Aspekt betrachtend, beschließe ich, dem Gefühl der unangenehmen oder nur ungewohnten Einsamkeit nicht so viel Macht zu verleihen. Dazu gehört, dass ich das Gefühl zulasse und ihm beizeiten aktiv entgegenwirke. Dieses Entgegenwirken sieht abends auf dem Zeltplatz in Limburg so aus: Ich setze mich in den Biergarten, der im Eingangs- und Einfahrtsbereich des Zeltplatzes zum gemütlichen Beisammensitzen einlädt. Mein Plan ist es, dass sich irgendwann – in Anbetracht des überschaubaren Platzangebots – andere Menschen zu mir setzen müssen. Diese werde ich dann in meiner Not, die für sie natürlich nicht sichtbar ist, in ein Gespräch verwickeln. Gesagt, getan.

Ich wähle einen Tisch, der mir einen guten Überblick über das Biergartenleben verschafft. Es sind bereits drei von den ungefähr fünfzehn Tischen besetzt. Dort sitzen Familien, die sich das bestellte Essen des Restaurants von den freundlichen Bedienungen an den Tisch bringen lassen. Nach und nach trudeln die Urlauber ein. Dieser Biergarten ist auch für Gäste zugänglich, die nicht auf dem Campingplatz urlauben. Es füllt sich zügig. Auf meinen herbeigesehnten Plausch muss ich dennoch etwas warten. Denn wie es typisch Mensch zu sein scheint, setzen sich alle Neuankömmlinge erst mal an einen freien Tisch und nicht an meinen, der zwar wunderbar gelegen, aber eben schon durch mich besetzt ist. Es ist jedoch nur eine Frage der Zeit, bis alle anderen Plätze besetzt sein werden. Diese logische Schlussfolgerung lässt meine Ungeduld erträglich werden. Ich wage einen Blick voraus: Es wird unweigerlich der Moment kommen, in dem weitere Personen den Biergarten betreten und sich nach freien Plätzen umschauen. Sie werden bemerken, dass bei mir noch genug Platz ist, während alle anderen Stühle besetzt sind. Fragend werden sich die Suchenden anschauen, dabei werden sie in Windeseile versuchen, das Risiko einzuschätzen, welches es birgt, sich neben eine fremde Single-Mittvierzigerin zu setzen. Ich vertraue darauf, dass die Risiken nicht so mächtig ausfallen, dass sie sich gegen mich entscheiden werden. Dann werden sie auf mich zukommen und fragen, ob sie sich zu mir an den Tisch setzen können, und ich werde, äußerlich gelassen, innerlich vor Freude springend, antworten: „Doch, sehr gerne!" Unausgesprochen werde ich den Satz hinterherschieben: „Wurde auch Zeit, dass ihr kommt!"

Das ist mein Plan. Und er geht auf. Genau so kommt es. Es konnte nur so kommen. Die einzige Unbekannte in dieser Was-passiert-dann-Abfolge ist für mich, *wer* sich zu mir setzen wird. Eine Familie? Ein schwules Paar? Ein attraktiver Single-Mann? Zwei ältere Damen? Eine kleine Gruppe jüngerer Leute? Mir ist alles recht. Hauptsache ich entkomme für einige Zeit des Abends dieser unangenehmen Einsamkeit.

Es wird ein sogenanntes Patchwork-Paar mit Hund. Sie hat Kinder aus einer vorigen Beziehung und er war auch schon mal verheiratet. Es wird – dank ihr – eine gesellige Unterhaltung. Sie ist keine Frau, von der ich denke, sie könnte so etwas wie eine Freundin werden. Aber das ist nicht wichtig. Sie tut mir gut, und der Mann stört nicht weiter. Ich bekomme den Eindruck, dass er gern weniger reden würde als wir beiden Frauen. Aber diesen Eindruck ignoriere ich gekonnt, immerhin verfolge ich in dieser Situation sehr egoistische Ziele. Hat die Reise nicht zum Vorsatz, dass ich mal wieder vermehrt auf mich achten will?

Ähnliche Einsamkeitsgefühle erlebte ich vereinzelt im Laufe des Nach-Hause-Gehens dann, wenn ich irgendwo Rast machte, um zu essen oder etwas zu trinken. Es fühlte sich besonders anfangs sehr ungewohnt an, allein vor seinem Essen oder der erfrischenden Schorle zu sitzen. Kein „Was nimmst du?", „Lecker, ne?" oder „Guck mal, die da!". Auch kein „Letztens hab ich den oder die getroffen", und erst recht kein „Genießt du es auch so wie ich?".

Diesbezüglich nahm ich schon nach kurzer Zeit eine Veränderung wahr: Je länger ich unterwegs war, desto seltener wurden diese Situationen von einem unangenehmen Gefühl begleitet. Ob es nur Gewöhnung war oder ob es eben dieser kurzen Zeit bedurfte, bis mir bewusst wurde, wie schön es sein kann, schweigsam und allein zu genießen? Ich gewann in den besagten Situationen in Lokalen, Biergärten oder Zeltplätzen eine Art gelassene Sicherheit und Wohlgefühl, wie ich es in den ersten Tagen noch nicht besaß. Auch war ich mir sicher, dass ich jederzeit imstande wäre, jemanden in ein Gespräch zu verwickeln, wenn sich ein Bedarf danach abzeichnen würde. Ein Rucksack auf dem Rücken schien nicht selten als Einladung betrachtet zu werden, mit mir eine Unterhaltung zu beginnen. Anfänglich freute ich mich über die Fragen der Leute, denen ich begegnete, über das Was, Warum, Woher und Wohin. Es war ja selbst für mich alles neu und spannend. Nach einiger Zeit bemerkte ich aber an mir, dass sich zeitweise das Beantworten der immer wiederkehrenden gleichen Fragen zu einer nervigen Begleiterscheinung entwickelte, zumal ich ja auch immer die gleichen Antworten gab.

Ich war „drinnen" in meinem Genuss, bei mir, und verspürte zeitweilig keine gesteigerte Lust, mein Vorhaben zu thematisieren. Es kam vor, dass ich Begegnungen aus dem Weg ging oder aber ein Gespräch mit gezielten Fragen an mein Gegenüber in eine andere Richtung zu lenken versuchte. Das erschien mir nach einigen Tagen viel spannender: Andere Menschen und ihre Geschichten zu hören, als immer wieder meine eigene zum Besten zu geben.

Während des Gehens an sich hatte ich erwähnte unbehagliche, einsame Gefühle nicht. Ich möchte am liebsten schreiben: Ich hatte sie nie! Aber man soll ja niemals nie sagen. Doch insgeheim weiß ich, es würde meiner Wahrheit entsprechen. Beim Gehen selbst war ich zwar auch in gewissem Sinne einsam, aber ich empfand es ausschließlich als Genuss. Schritt für Schritt war ich mehr bei mir und erfüllt von einer tiefen Zufriedenheit. Die Kombination aus Bewegung, Schweigsamkeit und Natur empfand ich als pure Wohltat. Beim Gehen musste ich mich nicht an das Alleinsein gewöhnen, vielmehr an das andauernde Glücksgefühl, welches nicht unterbrochen wurde von irgendwelchen Alltagspflichten oder sonstigen Terminen. Das eigentliche Gehen schien sich von Beginn an von negativen Gefühlen völlig abgekoppelt zu haben. Es war wie heilende Medizin oder eine Art Meditation, von der ich nicht genug bekommen konnte. Beim Gehen selbst vermisste ich keine Unterhaltung, keinen Austausch und keinen Menschen – pures Wohlbefinden.

Das führte dazu, dass ich mich bereits am ersten Tag komplett übernahm. War es morgens nach dem Start aus Koblenz noch die Vernunft, die mir riet, nicht mehr als knapp über zehn Kilometer zu gehen, so übernahm am Nachmittag die Begeisterung, die der Vernunft einen Vogel zeigte und mich dann doch fast das Doppelte an Kilometern gehen ließ. Die beleidigte Vernunft schickte auch prompt die Quittung: heftigen Muskelkater!

Die erlebte, ungestörte Einsamkeit, die unangenehme und die genussvolle, stufe ich als eine wertvolle Erfahrung ein. Sie gibt so viel Raum für genaueres Hingucken und Hineinspüren. Sie scheint ein bewussteres Wahrnehmen zu ermöglichen, wie es mir in meinem zurückgelassenen Alltag kaum mehr möglich war. Bewussteres Wahrnehmen der Umgebung, was Natur, Tiere, Gebäude, Wetter und Menschen sein können, aber auch das bewusstere Wahrnehmen meiner selbst:

Wie bewege ich mich gerade? Bin ich zögerlich oder forsch unterwegs?

Wie geht es mir gerade? Bin ich zufrieden oder gar erfüllt oder beseelt?

Was fehlt mir gerade? Eine bestimmte Person oder eine belebte Innenstadt?

Wie atme ich gerade? Gleichmäßig oder erinnert es an die sogenannte Schnappatmung?

Was möchte ich jetzt wirklich? Weitergehen oder pausieren?

Aus meiner Erfahrung heraus sage ich, dass das Erleben des Alleinseins sich wie ein Pendel anfühlt. Anfangs baumelt es noch unruhig, fast verunsichert und haltlos hin und her, während es mit jedem Tag an Balance gewinnt. Das Baumeln weicht einer entspannten, inneren Ruhe, die ich beinahe Seelenfrieden nennen möchte.

Um es mit meinem Eingangssatz zu sagen: „Vier von fünf Wochen Seelenfrieden – wunderbar!"

Herausforderungen

„Die Kunst, ein Hindernis zu nehmen, besteht oft darin, es nicht für ein solches zu halten."

Peter Sirius (1858–1913),
deutscher Schriftsteller

Ich glaube, mich überhaupt auf diese Wochen eingelassen zu haben, war die eine, alles umfassende Herausforderung. Diese unterteile ich wiederum in zwei Sub-Herausforderungen: Da war zum einen die Anzahl der Wochen, die ich als relativ ungeübte Geherin mit schwerem Rucksack unterwegs sein wollte. Ich erinnere mich daran, wie mir im Laufe der ersten Wochen Zweifel kamen. Hatte ich meine körperliche Kraft überschätzt? Der Rucksack erschien mir anfänglich als eine kaum auszuhaltende Last auf meinem Rücken. Würden er und ich im Laufe der Wochen Freunde werden? Ja, wir wurden Freunde. Es kam vor, dass ich beim Gehen, von Zufriedenheit erfüllt, plötzlich innehielt und mit einer Hand in Richtung Schulter und Rücken fasste, weil ich glaubte, meinen Rucksack bei meiner letzten Rast vergessen zu haben. Ich ging zeitweise so beschwingt und leichtfüßig, dass ich die Last des Rucksacks nicht mehr wahrnahm.

Eine weitere Herausforderung war sicher auch mein Wunsch, die Wochen ohne Begleitung zu erleben.

Das Alleine-unterwegs-Sein war neu für mich und stellte durchaus eine Herausforderung dar. Ich hatte keine Vorstellung davon, wie mir das bekommen oder was das mit mir machen würde. Diese große Unbekannte verunsicherte im Vorfeld auch meine jüngere Tochter, weshalb sie mir unmissverständlich mit auf den Weg gab: „Mama! Wenn du merkst, dass das alles gar nicht so toll ist, wie du denkst, dann …" Ich war gerührt. Gerührt von meiner Idee davon, wie der Satz zu Ende gehen würde. Sie würde sagen: „… dann kommst du einfach wieder nach Hause. Hier bist du jederzeit willkommen!" Mein Kopfkino lief weiter: Sie kommt mir über eine grüne, saftige Wiese entgegengelaufen, ihr langes, dunkles Haar umspielt ihr Gesicht, wir nehmen uns in die Arme, von Liebe und Dankbarkeit erfüllt lässt sie den Satz verlauten und sie wird mich dabei ganz fest drücken und… STOPP.

Einige Jahre zuvor hätte es vielleicht tatsächlich so oder ähnlich ablaufen können, aber inzwischen sind meine Töchter jugendlich und fast erwachsen. Deswegen konfrontierte mich Hanna auch freiheraus mit der Realität, indem sie den angefangenen Satz mit ihren Gedanken vollendete: „… dann mach i r g e n d w a s, aber komm n i c h t früher nach Hause!"

Das war keine Bösartigkeit, und ich stellte unsere gegenseitige Liebe durch diesen Satz nicht infrage. Vielmehr war es für mich eine Bestätigung, dass auch Antonia und Hanna sich auf die besondere Zeit ohne mich freuten.

Zurück zu den Herausforderungen, zu meinen Aufgaben,

die ich mir stellte oder die mir gestellt wurden. Eine dieser Aufgaben begegnete mir zum Beispiel kurz hinter Limburg an der Lahn. Ich hatte mich noch nicht ganz von einer kleinen Unfassbarkeit erholt, die mir begegnet war: Ein Herr kam mir auf seinem Fahrrad entgegen. Diesem Herrn, vielleicht sechzig oder siebzig Jahre alt, hing der ganze Hoden seitlich aus seiner viel zu kurzen Hose heraus. Er war zu schnell an mir vorbei, als dass ich ihn hätte darauf aufmerksam machen können. Eigentlich gut so, dachte ich, denn ich war mir nicht sicher, zu wie viel Feingefühl ich diesbezüglich imstande gewesen wäre. Ich musste fast lachen bei dem Gedanken, dass ich ihn angesprochen hätte mit den Worten: „Entschuldigung, aber Ihnen hängt Ihr Hoden aus der Hose!" Gleichzeitig überkam mich Mitgefühl, weil ich ihm zu gerne spätere missliche oder peinliche Situationen erspart hätte.

Für die folgenden Meter gingen mir diverse Fragen nicht mehr aus dem Kopf: Merkt MANN nicht, wenn der Hoden aus der Hose hängt? Wird der nicht kalt vom frischen Fahrtwind beim Radfahren? Drückt und quetscht das nicht? War es dem Mann vielleicht sogar angenehm bei der Hitze?

Kurze Zeit später rücken meine Fragen bezüglich heraushängender Hoden in den Hintergrund. Ich will auf die andere Flussseite, die laut Karte zum Wandern eine schönere Landschaft vermuten lässt. Dafür betrete ich eine der eher wenigen Möglichkeiten, den Fluss zu überqueren.

Was ich allerdings beim Betreten nicht sehen kann: Während die Brücke Fußgänger und Fahrradfahrer von der einen Uferseite optisch bereits zum passablen Übergang einlädt, ist die andere Hälfte des Bauwerks lediglich eine lückenhafte, unfertige Baustelle. Das erklärt mir auch – jetzt kann ich es ja zugeben – die von mir ignorierte Sicherheitsabsperrung am Ufer.

Da stehe ich nun. Hinter mir das Stück fertige Brücke, vor mir das Stück, welches mich vor eine Herausforderung stellt. Gehe ich weiter oder drehe ich um? Die sichere Variante oder die aufregende?

Durch eine Nachfrage bei einem Ortskundigen kurz zuvor hatte ich erfahren, dass die nächste Flussüberquerung viele Kilometer entfernt liegt. Zu viele Kilometer für meinen Geschmack – ich will JETZT und HIER auf die andere Seite. Das Wissen über die weit entfernte nächste Möglichkeit, den Fluss zu überqueren, beeinflusst meine Entscheidung. Dazu kommt, dass ich aus ganz persönlichen Gründen, die ich nicht weiter erklären kann, beim Spaziergehen nicht gerne ein und denselben Weg hin und zurückgehe, sondern Runden bevorzuge. Und diese Vorliebe hatte sich in den wenigen zurückliegenden Tagen beim Gehen mit dem schweren Rucksack inzwischen zu eine Art Grundsatz durchgesetzt: Umdrehen gilt nicht! Außerdem hole ich mir ins Bewusstsein, dass ich grundsätzlich schneidig und sportiv bin, schwimmen kann, eine eher gute Körperbeherrschung habe, über ein ausgezeichnetes Ballgefühl und einen guten Gleichgewichtssinn verfüge.

Wie sehr mir allerdings das gute Ballgefühl helfen und der Rucksack den rettenden Gleichgewichtssinn negativ beeinflussen könnte, darüber will ich in dem Augenblick nicht ernsthaft nachdenken.

Somit wird also die Brücke zur handfesten und greifbaren Herausforderung. Nach meinen ersten Schritten auf dem zweiten Bauabschnitt der Brücke stelle ich fest, dass die Unterkonstruktion bereits fest verschraubt ist. Folglich ist es viel einfacher, als ich vermutet hatte. Was natürlich

nichts daran ändert, dass ich gerade etwas Verbotenes tue. Denn die am Rande erwähnten Sicherheitsvorkehrungen mit ihren Verbotsschildern sind eindeutig und stehen auch nicht zum Spaß dort. Ein Grund mehr, mich am Riemen zu reißen und die Pobacken zusammenzukneifen, denn ich will nicht am nächsten Tag in der Regionalpresse ein Bild von mir sehen, im Wasser treibend, mit der Überschrift: „Urlauberin als schlechtes Vorbild: Ignoriert Verbotsschild und überschätzt ihre Fähigkeiten!"

Als weitere Herausforderung für mich verbuche ich meine erste praktische Begegnung mit einer sogenannten Doppelblind-Aufstellung. Das ist ein bestimmtes Verfahren, welches im Zuge von systemischen oder Familienaufstellungen benutzt wird, somit also eine Methode aus dem Bereich der Psychologie. Konkreter möchte ich auf eine Begriffsbestimmung nicht eingehen, weil mir das Thema derart komplex erscheint, dass ich als Nicht-Fachfrau schlimmstenfalls falsche Informationen in die Welt tragen würde. Außerdem sind und bleiben die unterschiedlichen Verfahren in der Aufstellungsarbeit, und wahrscheinlich die Aufstellung an sich zweifelhaft. Aber das scheint mir bei jedem Thema der Welt so zu sein: Die einen sind Fürsprecher, die anderen Widersacher und wiederum andere einfach nur desinteressiert. Ich stehe der Sache neugierig und interessiert gegenüber. Vorausgegangen ist das Lesen des einen oder anderen Buches, welches sich mit der Aufstellungsarbeit befasst. Ich hege keinen Zweifel daran, dass Menschen in einem System miteinander verbunden sind und dass die Aufstellung gewisse Muster innerhalb jenes Systems zu erkennen geben kann. Sich dieses Konstrukt anzuschauen, gegebenenfalls daran zu rütteln und es auch als Hilfestellung anzuwenden, um besagte Muster wahrnehmen zu können oder um Lösungen eigener Probleme zu finden, ist für mich nicht abwegig.

Wenn ich auch der Methode offen gegenüberstehe, heißt es nicht, dass ich allen Menschen, die das anbieten, offen gegenüberstehe. Hier beobachte ich immer wieder die Kritische in mir, die in jedem Fall ein gutes Gefühl benötigt. Um es zu verdeutlichen: Mein Gegenüber muss mir diesbezüglich nicht vertraut sein, aber sympathisch. Das kann ich nicht genauer definieren, es ist einfach ein Gefühl in Bauch- und Herznähe, welches bewirkt, dass ich mich entweder öffne oder verschließe. Immerhin treffen hier Menschen aufeinander und die Themen, die angesprochen werden, sind oft sehr persönlich und vertraut. Was lag also näher, als mich bei meinem Besuch einer sehr geschätzten Autorinnen-Freundin im Wendland dieser Erfahrung der Doppelblind-Aufstellung zu stellen? Unser Miteinander, ihr Wesen und ihre jahrelange therapeutische Arbeit ließen für mich keinen Zweifel übrig, dass ich mir mein „erstes Mal" – was die Aufstellung anging – mit ihr gut vorstellen konnte.

Ich bin aufgeregt und ebenso neugierig. Meine Freundin macht mir zur Vorgabe, dass ich eine Frage in den Raum stellen soll. Dazu kann ich nun die verschiedensten Gedanken, Aspekte oder auch Dinge auf einen Zettel schreiben. Pro Zettel ein Gedanke! Egal was; einfach das, was mir in den Kopf kommt. Es spielt auch keine Rolle, wie viele Zettel es letztendlich werden.

Im Anschluss verteile ich die Zettel mit der Schrift nach unten auf dem Fußboden. Nun beginnt meine Freundin auf meine Anweisung hin, sich auf einen Zettel zu stellen und zu fühlen. Einfach nur zu fühlen. Das, was sie fühlt, teilt sie mir mit. Sie weiß lediglich, welche Frage im Raum steht. Sie weiß nicht, was ich zu Papier gebracht habe, und folglich auch nicht, was auf dem Zettel steht, auf dem sie sich gerade befindet.

Es ist für mich eine sehr spannende Erfahrung, das, was sie fühlt und mir mitteilt, mit dem, was ich auf den Zettel geschrieben habe, in Verbindung zu bringen.

Irgendwann steige ich mit ein und wir variieren teilweise die Abstände der Zettel zueinander und auch ich soll fühlen. Nur fühlen! Und genau das ist es, was mir am meisten abverlangt. Ich bemerke, wie ungeübt ich im Fühlen bin. Viel zu schnell will sich immer mein Denken wieder einmischen. Das soll es aber nicht, denn hierbei geht es rein um das Fühlen. Es erfordert Konzentration, und ich zweifele auch zwischendurch, ob ich der Sache gewachsen bin. Würde ich es schaffen, meinen Kopf auszuschalten? Dafür, dass es mein erstes Mal ist, gelingt es mir einigermaßen gut. Ich versuche, gnädig mit mir zu sein und nicht zu viel von mir zu erwarten. Immer langsam – Schritt für Schritt!

Es ist tatsächlich so, dass meine Gefühlslage einen Wandel erfährt, wenn ich zum Beispiel den Abstand zweier Zettel zueinander oder die Position eines Zettels verändere. Eine intensive, interessante und neue Erfahrung für mich – und für mich als unspontane, ordnungs- und strukturliebende, viel denkende Frau eine noch größere Herausforderung als eine halbfertige Brücke.

Wenn ich es recht bedenke, dann sind Herausforderungen wie liebe Freunde: Sie können einen zu Gedanken, Gefühlen und Taten ermutigen, die man sich ohne sie kaum zugetraut hätte.

Hochzeit in Limburg

„Was du liebst, lass frei. Kommt es zurück, gehört es dir –
für immer."

Konfuzius (verm. 551–479 v.Chr.),

chinesischer Philosoph

B urgen, Kirchen, Ruinen, alte Gebäude oder kir-
chenähnliche oder an Burgen erinnernde Gebäude
lösen Faszination bei mir aus. Das war schon im-
mer so. Trotzdem zähle ich mich nicht zu denen, die sich
auskennen, wenn es darum geht, Bauten einer bestimmten
Epoche zuzuordnen. Ich gehöre auch nicht zu denen, die
sich die Historie einer Burg oder einer Kirche merken kön-
nen, wenn sie mir erzählt werden würde. Und ich gehöre
schon gar nicht zu denen, die sich gern einer sachkundigen
Führung durch besagte Gebäude anschließen. Ich befürchte
– und bisweilen habe ich auch die Erfahrung gemacht –,
dass ich mit zu vielen Jahreszahlen und geschichtlichen
Hintergründen, die das Bauwerk betreffen, gefüttert wer-
den könnte. Das wäre verlorene Liebesmüh, weil ich mir –
wie eben erwähnt – eh kaum etwas davon merken kann.
Zahlen setzen sich nur sehr widerwillig in mir fest.
Das erkläre ich mir damit, dass diese Art Informationen
nicht den Kern meines Interesses und meiner Begeisterung
trifft. Meine Faszination lebt von der Ahnung und von der
Einbildungskraft, mit der ich mir die Menschen und ihr

Miteinander, ihre Probleme, ihre Herausforderungen, ihre Tätigkeiten und auch ihre Freuden und Vergnügungen in den Räumen, aber auch in den angrenzenden Höfen, Gärten und Ländereien vorstelle. Dafür sauge ich alles auf, was meinem Blick nicht entgeht, und lasse es einfach auf mich wirken – ohne Jahreszahlen, ohne Historie. Einfach so!

So zählt unter anderem auch der Limburger Dom zu den Gebäuden, die auf meinem Nach-Hause-Weg liegen und von mir in Augenschein genommen werden.
Von 1964 bis 1992 zierte besagter Bau die Rückseite des 1000-DM-Scheins. Davon weiß ich aber nur vom Lesen. Scheine dieser Größe kamen und kommen in meinem Alltag nicht vor. Eher meine „Preiskategorie" wäre die damalige 60-Pfennig-Sonderbriefmarke, die 1985 mit einem Motiv des Limburger Doms herausgebracht wurde, weil dieser seinen 750. Geburtstag feierte. Diese Briefmarke wurde sogar vom Weltpostverein – ich wusste nicht, dass es den gibt – zur „schönsten Briefmarke der Welt" gekürt. Wenn das nichts ist! Vor einigen Jahren ist genau dieser Dom leider negativ in die Schlagzeilen geraten, weil ein Bischof seinen Amtssitz und seine Wohnräume im „Diözesanen Zentrum St. Nikolaus", das ist das denkmalgeschützte Fachwerkhaus gegenüber dem Dom, offensichtlich völlig überteuert und überprunkt renovieren ließ. Eben dieses Geldschein-Briefmarken-Gebäude will ich auf mich wirken lassen, nachdem ich am Morgen, frisch geduscht und ohne Rucksack, den Campingplatz verlassen und mich

in Richtung Stadtkern aufgemacht habe. Es ist der vierte Tag, und es sind die ersten Stunden meines Weges, die ich ohne Gepäck zurücklege. Diese Art Leichtigkeit genieße ich sehr und sie beflügelt mein Wohlgefühl und meine Neugier auf Limburg im gleichen Maße wie es das sonnige Wetter, die warmen Temperaturen und meine ungebundene, freie Situation tun. Was liegt näher, als diese wunderbaren Umstände mit einem genussvollen Frühstück zu feiern? Dafür wähle ich ein gemütliches Café in der Fußgängerzone, von wo aus ich dem morgendlichen Treiben einer urigen Innenstadt entspannt Aufmerksamkeit zollen kann. Mir geht es gut. Mein einsames Stimmungstief vom Vorabend auf dem Zeltplatz ist verflogen. Vielleicht ist es auch gar nicht verflogen, sondern wartet geduldig am Zelt auf mich. Wie auch immer! Die Stunden in Limburg jedenfalls sind geprägt von einer zwar körperlich spürbaren Erschöpfung, aber immerhin

auch von einer durch und durch tiefen Zufriedenheit. Gestärkt vom Frühstück schlendere ich ohne Hetze und Eile durch die Gassen und Straßen der Stadt, bis ich irgendwann den Vorplatz des Limburger Doms erreiche. Schnell wird klar, dass aus meinem Wunsch, den Dom von innen zu sehen, in Kürze nichts werden wird. Im Inneren vollzieht sich gerade eine Trauung. Besuchern, die nicht zu den geladenen Gästen zählen, wird der Zutritt für die Zeit der Zeremonie versagt. Das leuchtet mir ein und ich kann dafür selbst als heiratsunerfahrene Frau Verständnis aufbringen. Ein freundlicher Herr, der am Hauptportal dafür Sorge zu tragen scheint, dass niemand Unbefugtes den feierlichen Ritus stört, erzählt mir, dass es die erste von zwei Trauungen sei. Somit müsse ich mich für eine ruhige Begehung noch etwas gedulden. Alternativ bietet er mir an, dass ich zwischen den beiden Trauungen im Eilschritt für circa zehn Minuten den Dom betreten und besichtigen könne.

Das ist in Anbetracht meiner von Hast und Hektik befreiten Zeit keine attraktive Vorstellung. Ich entscheide mich, während der Wartezeit guckend, beobachtend und sinnierend auf einer Bank mit Blick auf den Dom zu verweilen. Dann wird das, was ich auf mich wirken lasse, eben vorerst nicht das Innere des Bauwerks sein, sondern ein frisch vermähltes Brautpaar. Da zeige ich mich flexibel.

Mir kommen – ob bewusst oder unbewusst, vermag ich nicht zu beurteilen – die Hochzeiten ins Gedächtnis, zu denen ich bisher eingeladen wurde. Es ist eine überschaubare

Anzahl, und auch meine Erinnerungen erscheinen über-
schaubar. Natürlich ist es für eine unverheiratete Frau nicht
abwegig, über Heirat und Hochzeit nachzudenken. Ich
meine, wirklich erst mal nur nachzudenken. Sich darüber
Gedanken zu machen, ohne einen konkreten Handlungs-
wunsch anzustreben. Ich mache mir ja auch Gedanken über
Sterbehilfe, häusliche Gewalt, Tierversuche oder finanzi-
ellen Reichtum, ohne dass ich diese Themen geradewegs
auf mich projizieren könnte. Meine Wahrnehmung ist die,
dass Ehen manchmal einer Symbiose zu ähneln scheinen,
bei der das eigene Ich durch Anpassungen, Kompromisse
und gesellschaftlich gesetzte Maßstäbe Einbußen hin-
nimmt. So viele Einbußen, dass es, über Jahre gelebt, sogar
unzufrieden und bisweilen krank machen kann. Ich ahne:
Viele Eheleute werden nun denken, wie unromantisch und
einseitig ich der Institution Ehe gegenüberstehe. Da kann
ich nur entgegnen: Ja, ich glaube, das tue ich.

Ich bin der Meinung, dass die Ehe eine Erfindung der Kir-
che ist, deren Rahmenbedingungen ausschließlich von
Männern „geregelt" wurden, in einer Zeit, in der Frauen
kein besseres Ansehen genossen als ein Regenwurm.

Sehr bezeichnend, und für mich unverständlich ist, wie es
zum Beispiel über Jahrhunderte ungefragt folgerichtig sein
konnte, dass Frauen den Nachnamen des Mannes annah-
men. An dem Punkt erforderte eine Heirat nicht nur Anpas-
sung, sondern irgendwie auch Unterordnung. Und zu die-
ser Unterordnung war einzig und allein die Frau verdammt.
Zum Glück hat sich in den letzten Jahrzehnten zu diesem

Thema einiges an Gleichberechtigung getan. Das freut mich auch deswegen, weil ich befürchte, dass ich sonst längst der Häresie oder Ketzerei bezichtigt und auf dem Scheiterhaufen verbrannt worden wäre.

Für mich stellt sich die Frage: Wie definiere *ich* Ehe, damit sie auch *für mich* reizvoll sein könnte? Jetzt und hier – auf einer sonnig gelegenen Bank am Limburger Dom in Anbetracht meiner derzeitigen Lebenssituation, sprich: Mitte Vierzig und ohne weiteren Kinderwunsch!

Eine Ehe sollte für mich in erster Linie eine besondere Verbindung symbolisieren. Eine Verbindung im Geiste würde ich einer Verbindung der Lebenssituationen vorziehen. Da ich das Ungestörtsein und meinen Freiraum schätze, sollte sich meine Ehe nicht mit dem Ehepartner unter einem Dach abspielen. Frei nach dem Motto: Nähe ohne Enge!

Mein Ehepartner – auf Grund sexuell bisher eindeutiger Orientierung – würde zum gegenwärtigen Zeitpunkt ein Mann sein. Veränderungen und Entwicklungen innerhalb einer Beziehung halte ich für eine gute Gelegenheit, um innerlich zu wachsen.

In dem Zusammenhang kommen mir auf besagter sonnig gelegener Bank vor dem Dom die Worte des damaligen Bundespräsidenten Gustav Heinemann in den Sinn, der einmal sagte: „Wer nichts verändern will, wird auch das verlieren, was er bewahren möchte." Auch wenn er es politisch gemeint haben mag, halte ich eine Übertragung auf zwischenmenschliche Beziehungen für nicht abwegig. In einer Ehe wünsche ich mir, dass die Wege, die gegangen werden wollen, angefeuert und unterstützt werden, statt sie aus egoistischen oder angstbehafteten Gründen auszubremsen.

Eine Ehe, wie ich sie mir wünschen würde, erinnert mich ein bisschen an zwei Setzlinge, die aus zwei unterschiedlichen Leben in ein gemeinsames Erdloch vergraben werden. Jeder trägt einen Teil zu dem, was heranwachsen wird, bei. Und nur dann, wenn das Emporwachsende die Möglichkeit der freien Entfaltung mit oder durch alle Facetten, wie Sonne, Schatten, Kälte, Wärme, Licht und Dunkel, bekommt, entstehen weitere Ableger und mit der Zeit wird uns der Anblick einer schönen Pflanze vergönnt sein.

Übertragen auf eine Ehe sehe ich das so: Dort, wo wirkliche Liebe vorhanden ist, kann jede Neuorientierung, jedes persönliche Ziel und jede Neugier eines Einzelnen ausgelebt werden. So kann eine guttuende Ehe ent- und bestehen. Glaube ich zumindest. Kälte, Schatten und Dunkel sind dabei genauso wichtig und willkommen wie Wärme, Sonne und Licht. Ich möchte die Ehe mehr als ein spannendes, sich veränderndes Langzeitprojekt betrachten anstatt als einen Punkt auf der To-do-Liste des Lebens.

Eine Ehe schließt nach meiner Vorstellung Zärtlichkeit und Sex nicht aus. Nach meiner Idee muss dieses körperliche Bedürfnis nicht für immer und ewig ausschließlich im Rahmen dieser Ehegemeinschaft ausgelebt werden. Meine Vermutung ist, dass Menschen von Natur aus nicht darauf ausgerichtet sind, ein Leben lang nur mit einem Menschen – dem Ehepartner – zu schlafen. Auch das scheint mir eine der kirchlichen, archaischen und männergemachten Rahmenbedingungen. Ich fühle mich nicht verbittert ob dieser Gegebenheit – einfach nur sachlich bemerkend. Ich glaube, dass es gut sein kann, diesen Anspruch auf absolute Gültigkeit – Sex ausschließlich mit dem Ehepartner – zu thematisieren, unter die Lupe zu nehmen, zu hinterfragen und gegebenenfalls auch aufzuheben. Ich halte es für sehr wahrscheinlich, dass es einem Miteinander etwas Entspanntes, Befreiendes und vor allem etwas Bewusstes verleihen kann. Treue wird aus meiner Sicht in einer Ehe häufig auf das sexuelle Verhalten bezogen und somit in seiner Auslegung enorm reduziert. Wer treu ist, lebt monogam. Und andersrum! Meines Erachtens nach wird diese einseitige Definition der umfassenderen, schönen Bedeutung von Treue nicht gerecht. Es geht für mich auch um Verlässlichkeit, Beständigkeit und um innere Verbundenheit.

Mein Resümee vor dem Limburger Dom: Nach Jahren mit einem Mann – ob geehelicht oder nicht – möchte ich keine Bremsspur hinter mir erkennen müssen. Und natürlich auch nicht hinter ihm! Ich möchte mich wertgeschätzt, geachtet, ernst genommen, geliebt, gut behandelt, frei und an nichts, was in mir zum Ausdruck kommen möchte, gehindert fühlen. Ich möchte nicht „gebraucht" werden, und es soll sich auch niemand für mich verantwortlich fühlen. Genauso, wie ich keine Verantwortung für einen anderen erwachsenen Menschen übernehmen möchte. Anteilnahme, Einbeziehung, Unterstützung – alles gut, aber nicht verantwortlich sein!

Ich finde gemeinsame Hobbys und Wirkungsbereiche nicht wichtig. Dafür halte ich Parallelen, Überschneidungen und eine nahezu gleichgesinnte innere Haltung zum Umgang mit Menschen, zu Werten und zum Leben an sich für eine gute Grundlage. Das beinhaltet eine ehrliche Auseinandersetzung auch – und vielleicht sogar zuerst – mit sich selbst.

So stelle ich mir eine liebevolle und freiheitliche Verbundenheit vor, die ich Liebe nennen könnte. Und nur so kann ich mir derzeit die Rahmenbedingungen für meine Ehe vorstellen. Und wenn nicht so, dann eben nicht, denke ich noch, als sich die große Holztür des Hauptportals vom Limburger Dom öffnet und ein Glockengeläut ertönt, welches weit über die Stadt, die ich als eine urige, schöne wahrnehme, zu hören gewesen sein muss.

Nun treten sie vor die Tür. Sie, die sich soeben getraut haben und sich in zurückliegender Zeit wahrscheinlich auch viele eigene Gedanken zum Thema Heirat und Ehe gemacht haben und es eventuell auch weiterhin tun werden. Wer weiß? Ich habe sie nicht gefragt. Ich beobachte lediglich aus sicherer Distanz und lasse es auf mich wirken. So wie ich ursprünglich das Innere des Doms auf mich wirken lassen wollte. Aber: Aufgeschoben ist nicht aufgehoben!

Als ich die Frischvermählten zu sehen bekomme, beschleicht mich ein Gefühl, welches mich von den eigenen eben gedachten, wohligen Gedanken an „meine Ehe" entfernt. Das, was ich in den Blicken der Brautleute zu erkennen glaube, ist Anspannung und keine Freude.

Ernüchterung steht mir kurzzeitig ins Gesicht geschrieben. Gleichzeitig rüge und mäßige ich mich, denn auch rührende Überwältigung kann sich anscheinend zu einem angespannten Gesichtsausdruck umwandeln. Also rede ich mir ein, weil ich es ihnen ja auch wünsche, dass sie glücklich sind. Trotzdem hätte ich es schön gefunden, wenn man es ihnen in jenem Augenblick angesehen hätte.

Nun folgt eine Ritual-Abfolge, die vielerorts bekannt ist: Familie, Freunde und Bekannte stehen Spalier und bilden eine Art Freudenallee, durch die die beiden wahrscheinlich Glücklichen spazieren – begleitet von Blumen, bunten Konfetti oder Reiskörnern, welche auf sie geworfen werden. Dann wird sich umarmt, geknuddelt, geherzt, die Hand geschüttelt und geküsst – nach eigener Fasson und alle durcheinander –, als Zeichen der Anteilnahme, der Freude und des Glückwunsches.

Was ich hierauf zu sehen bekomme, lässt meinen Gedankenapparat abermals anspringen. Es fährt ein langes, weißes Auto vor. Aus meiner Unkenntnis heraus würde ich vermuten, dass es eine sogenannte Stretchlimousine ist, Marke unbekannt. Eben solche, wie sie manchmal bei Hochzeiten angemietet werden, um zu demonstrieren … ja, was eigentlich? Was ist es, das damit zum Ausdruck gebracht werden soll? Seht her, unser Entschluss zu heiraten ist so besonders wie dieses Auto! Seht her, nur so ein Gefährt kann das Maß unserer Liebe sichtbar werden lassen! Was ist es? Das frage ich mich ernsthaft und bemüht wertfrei.

Kurz schmunzele ich bei der Vorstellung, dass etwas von der bischöflichen Prunk- und Luxusbegeisterung sich flächenbrandartig über die Stadt gelegt haben könnte. Ganz unbemerkt natürlich – die Einwohner sind ahnungslos und somit unschuldig!

Zurück zu meinem Sinnieren: Meiner Meinung nach ist das Auto Teil einer Inszenierung. Einer für mich überflüssigen und unwirklichen Inszenierung. Ebenso empfinde ich auch die sogenannten typischen Brautkleider eher als Verkleidung und nicht als bequemes Kleidungsstück. Aber: Leben und leben lassen. Für manche Dinge scheine ich offensichtlich nicht romantisch genug zu sein.

Von Romantik weicht das, wovon ich zudem noch Zeuge werde, erheblich ab. Die Braut steckt sich auf dem Weg zur Limousine, wo ein Fotograf auf das Brautpaar wartet, um eben diesen ganz besonderen Augenblick in Bildern festzuhalten, erstmal eine Zigarette an. Viel Zeit bleibt ihr nicht, weswegen sie schnelle, intensive Züge mit kurzem Intervall und immer noch angespanntem Gesichtsausdruck nimmt. Kein langsames, bewusstes Schreiten mit verliebten Blicken zu ihrem soeben Angetrauten. Selbst ich, für die Romantik Firlefanz ist, empfinde ihr Verhalten als eine Beleidigung all der märchenhaften Vorstellungen, die in der Sphäre zum Thema Hochzeit existieren. In mir macht sich ein Gefühl breit, welches in Worte gefasst ähnlich lauten würde wie: Blöde Kuh! Der Fotograf wartet geduldig, der Bräutigam nimmt es äußerlich gelassen und überbrückt die kurze Wartezeit abwechselnd mit verständnisvollen

Blicken in Richtung Braut, entschuldigenden Blicken zum Fotografen und nachdenklichen Blicken zum Fußboden.

Es dauert nicht lange, bis der verbleibende Zigarettenstummel auf dem Boden von ihren weißen Pumps zertreten wird. Sie lässt die Kippe nicht dort liegen, weswegen ich sie bereitwillig und kleinlaut wieder aus der Blöde-Kuh-Schublade hervorkrame. Schließlich posieren die Brautleute mit aufgesetzter Glückseligkeit in unterschiedlichen Stellungen am Fahrzeug vor dem Limburger Dom. Und zum Glück wird keines dieser Fotos je wiedergeben, wie die Braut in dem Moment aus dem Mund nach Zigarettenrauch gerochen haben muss.

Abschließend freue ich mich ob der intensiven Gedanken, die ich mir ungestört in sonniger Lage über die nicht langweilig werdenden Themen Hochzeit und Ehe machen konnte, und komme nicht umhin, noch einmal kräftig in mich hineinzuschmunzeln. Diesmal bei dem Gedanken, dass der eben beobachtete Bräutigam zukünftig drei der geschossenen Fotos erfolgsverwöhnt und siegessicher auf den Tisch hauen wird mit den Worten: meine Frau, mein Auto, mein Dom!

Die zweite Hochzeit warte ich nicht ab. Ich habe genug davon und entscheide mich, vorerst noch einige Zeit durch die urigen Straßen und Gassen der Stadt zu schlendern, bevor ich später zurückkehre, um das schöne, alte Gebäude in aller Ruhe von innen fasziniert auf mich wirken zu lassen – ohne Jahreszahlen, ohne Historie. Einfach so!

Spontaneität üben

„Wir alle finden Spontaneität außerordentlich positiv …
wenn jemand spontan unsere Meinung artikuliert."

Peter Hohl (*1941),

deutscher Journalist und Verleger

Mein Beschluss, mich über einen längeren – was natürlich relativ bleibt – Zeitraum allein auf den Weg zu machen, erwies sich in vielerlei Hinsicht als eine sehr wertvolle Erfahrung.

Ich bin nicht sehr spontan. Das mag an meinem Sternzeichen liegen oder auch nicht. „Mach mehr aus dem Bauch heraus, Inge!" oder „Folge mehr deiner Intuition!" sind nur zwei Ratschläge, mit denen ich mich ermutige, in gewissen Situationen spontaner zu reagieren, als ich es eigentlich bin oder als ich es von mir gewohnt war.

Zu Hause lebe ich immerhin mit einer Tochter zusammen, die sehr spontan sein kann. Das mag an ihrem Sternzeichen – sie ist Fisch – liegen oder auch nicht. Diese meine Tochter lässt mich immer wieder meinen Planungsdrang spüren. Sie ist derart spontan, dass sie imstande ist, ihre Mitfahrgelegenheiten erst dann zu organisieren, wenn es bereits losgehen soll. Sie packt spontan ihre Schultasche, macht spontan die Hausaufgaben und packt sehr spontan ihre Handballsachen.

Und weil mir diese Spontaneität viel abverlangt, ist mir daran gelegen, meine diesbezüglichen Fähigkeiten etwas auszubauen. Und wenn nicht auszubauen, dann doch zumindest zu trainieren. Spontane Handlungen bedürfen eines besonderen Maßes an Intuition. Rasche Überlegung und Entschlussfreude, kein übermäßiger Bedarf an Planung und die Fähigkeit, sich kurzfristig auf neue Situationen einstellen zu können – all das sind Merkmale von Spontaneität. Und nicht alles davon kann ich gut!

Eine Übungseinheit ergibt sich am zwölften Tag meines Nach-Hause-Gehens, als ich am Lahn-Eder-Radweg unterwegs bin. In dem Ort Wetter liegt zu meiner Rechten ein großes Gebäude. Dass es ein Seniorenwohnheim ist, wird deutlich, als mir eine alte Dame von einem Balkon des zweiten Stockwerks aus zuwinkt. Sie hat zuvor die Arme gehoben, mir kräftig Applaus gespendet und daumendrückend zu mir hinuntergerufen: „Bravo!"
Dieses Mutmachen tut mir sehr gut, besonders an diesem Tag, an dem ich Marburg an der Lahn mit heftigem Heimweh verlassen habe. Ich bin früh von meiner gemütlichen, zentral gelegenen Unterkunft aus gestartet. Denn was liegt bei Heimweh näher, als aktiv dafür zu sorgen, meinem Zuhause näher zu kommen? Außerdem habe ich bereits die wunderbare Erkenntnis gewonnen, zu was das Gehen bei mir imstande ist. Das Gehen ist in der Lage, meine Stimmungstiefs in Stimmungshochs umzukehren. Wenn mich wieder mal Sehnsucht nach meinen Lieben, Heimweh oder

der unerfüllte Wunsch nach tiefsinnigen Gesprächen plagt, dann beweist sich das Gehen als wahres Wunder- oder Heilmittel. Darauf kann ich mich verlassen!

Auch wenn sich meine mentale Verfassung durch das Gehen an diesem Tag bereits gebessert hat, so sind mir die Gesten und Worte der alten Dame doch sehr willkommen. Ich winke erfreut zurück und gehe motiviert weiter meines Weges. Aber schon nach wenigen Metern kommt mir der Gedanke, wieso ich dieser alten Dame nicht einen kurzen Besuch abstatte. Ich könnte mich bei ihr bedanken und sie wissen lassen, wie erfreut ich über ihre Zuwendung bin. Das wäre spontan! Richtig spontan!

Ohne weitere Überlegungen und Planungen. Ohne Gedanken an das Wenn und Aber. Einfach dem Gefühl folgen, welches in dem Augenblick da ist. Und das Gefühl ist klar: dieser alten Dame guten Tag und danke sagen. Also mache ich spontan – ja, spontan! – kehrt. Es dauert nicht lange, bis ich in dem großen Gebäude den Balkon gefunden habe, von dem mir diese Wohltat entgegengebracht worden war. Der Balkon gehört zu einem Aufenthaltsraum, zu dem wiederum eine großzügige Küche gehört. Zwei Pflegerinnen bereiten das Mittagessen vor, und ich bin inmitten vieler alter Menschen, von denen mich einige skeptisch beäugen, wohingegen mich andere gar nicht wahrzunehmen scheinen.

Es herrscht eine schöne, fast liebevolle Atmosphäre im Raum. Mich beeindruckt, dass die Bewohner des Hauses in den Vorgang des Kochens integriert sein können. Wenn

nicht durchs Anpacken, dann aber doch durchs Dabeisein.
„Hallo, guten Tag! Ich glaube, von dem Balkon hat mir
eben eine Dame zugewinkt. Der möchte ich gern guten Tag
sagen!", begrüße ich die Pflegerinnen. Die beiden lassen
sich in ihrer Gelassenheit und in ihrem Kochprozess nicht
stören und antworten freundlich: „Das war bestimmt... Na,
gehen Sie mal auf den Balkon."

Hier kommt mir auch schon eine Dame entgegen. Sie redet
viel und schnell, und manches ist für mich nicht verständ-
lich. Sie ist sichtlich erfreut und stellt sich und ihre Freun-
din, die meist schweigsam neben ihr steht, vor. Dann zeigt
sie noch auf einen Mann, der ziemlich regungslos auf ei-
nem Stuhl auf dem Balkon sitzt. Sie heißt Ella, ihre
schweigsame Freundin heißt Rike und der Mann auf dem
Stuhl ist ihr Mann und heißt Robert. Ich bin mir für einen
Augenblick nicht sicher, welche der beiden Frauen denn
nun gewinkt hat. Ella ist sehr redselig, mindestens einen
Kopf kleiner als ich, herzlich und zugewandt. Rike ist
ebenso herzlich, aber schweigsam. Konnte diese Frau über-
haupt laut „Bravo!" rufen, so wie es mir vom Balkon aus
zugerufen worden war? Nein, es muss Ella gewesen sein,
obwohl ich sie mir von der Straße aus größer vorgestellt
hatte.

Rike guckt und Ella redet. Binnen weniger Momente weiß
ich, dass Ella und Robert ein gemeinsames Zimmer in die-
sem Seniorenheim haben, aus Russland kommen und noch
nicht lange Bewohner dieses Hauses sind. Sie durfte früher
als Kind kein Deutsch sprechen. Das war verboten. Jetzt

spricht sie beides: Russisch und Deutsch. Ich verstehe nicht alles von dem, was Ella in dieser Zeit meiner kurzen Anwesenheit loswerden will. Zu sehr mischt sich die russische Sprache noch mit der deutschen.

Ich bin gerührt und nachdenklich. Gerührt wegen der Herzlichkeit, die aus beiden alten Damen auf unterschiedliche Weise hervorgeht. Nachdenklich ob des gewaltigen Wortauswurfs der alten Ella. Ist das Mitteilungsbedürfnis manch alter Menschen vielleicht dem Umstand geschuldet, dass es sehr bald vorbei sein könnte mit dem Mitteilen? Spüren sie gar ihr baldiges Ende? Es scheint mir, als wenn Ella dem eigenen Leben eine Art Dokument, ein Zeugnis ausstellen will, damit es nie in Vergessenheit gerät.

Die mir eingeräumte Redezeit reicht zum Glück aus, um meinen Dank auszusprechen. Ansonsten komme ich nicht viel zu Wort, was mich nicht stört. Ich vertraue darauf, dass ich in meinem Leben noch viel Zeit bekommen werde, um das, was mir wichtig erscheint, mitzuteilen.

Beim Verabschieden gibt mir Ella ihren Wunsch für mich mit auf den Weg: Ich möge gesund bleiben, da ankommen, wo ich hinmöchte, und nicht verloren gehen! Mir ist so, als wenn sich in diesem Wunsch Ellas eigene Erlebnisse versammeln. Erlebnisse, die sie im Laufe ihres unverkennbar hohen Alters in großer Anzahl gehabt haben muss.

Rike schweigt mit einem herzlichen Gesichtsausdruck.

Eine andere Übung im Nachgehen spontaner Intuitionen ohne Wenn und Aber spielt sich in Gießen an der Lahn ab.

Ich bin auf meinem Weg zur Jugendherberge. Den Tag habe ich dafür genutzt, ohne Rucksack die Stadt zu erkunden. Davon ein wenig erschöpft und mit vielen neuen Eindrücken beschenkt, freue ich mich nun auf mein Zimmer in der abseits gelegenen Jugendherberge. Auf den letzten Metern in einer Kurve der steil ansteigenden Gasse sehe ich plötzlich ein Schild mit der Aufschrift „Offener Kanal Gießen".

Schon ist er da – mein Gedanke, der mich zur Spontaneität einlädt. Vielleicht ist es auch keine Einladung, sondern eine Aufforderung? Wie auch immer. Da ich selbst seit einigen Jahren im Offenen Kanal Lübeck eine Radiosendung mitgestalte, fange ich sofort Feuer. Mich reizt der Gedanke, hier in Gießen spontan mit anderen Menschen ans Mikrofon zu treten. Wer weiß – vielleicht gibt es genau am heutigen Abend eine Redaktion, die live auf Sendung gehen wird und Lust hätte, einen Gast in ihre Sendung einzubeziehen. Zugegeben: Meine Vorfreude auf einen ruhigen, gemütlichen Abend in meinem Jugendherbergszimmer stellt sich dem Wunsch nach Spontaneität etwas in den Weg. Aber es erscheint mir einfach zu verlockend, und immerhin will ich mich im Umsetzen spontaner Eingebungen trainieren. Wenn nicht jetzt, wann dann? So folge ich also dem Hinweisschild, und schon bald stehe ich vor der Eingangstür des Offenen Kanals. Die Tür ist verschlossen. Ich läute. Einen Augenblick später gibt sie ein kurzes summendes Geräusch von sich, das ich kenne. Es ist dieses Geräusch, bei dem man sich nur noch mit etwas Druck gegen die Tür lehnen muss, um diese zu öffnen. Es könnte aber auch das Geräusch sein, nach welchem man sich mit voller Wucht gegen die Tür schmeißt, sich kurz mit schmerzverzehrtem Gesicht über den Widerstand wundert und dann erst den kleinen Aufkleber mit der Aufschrift „ziehen" entdeckt. Um Letzteres auszuschließen, beäuge ich aufmerksam die Tür. Drücken! Nicht ziehen! Gelesen – getan!

Im Inneren des Gebäudes stoße ich auf sehr gepflegte, modern wirkende Räume mit einer Art Empfangsbüro. Hier begegne ich zwei Angestellten des Offenen Kanals. Es stellt sich heraus, dass dieser Offene Kanal lediglich die Möglichkeit des Fernsehmachens anbietet. Kein Radio. Leider! Aber alles Schlechte hat etwas Gutes. Auch wenn sich mein Wunsch nicht erfüllen wird, so komme ich dank einer jungen Frau, ich schätze sie auf zwanzig Jahre, in den Genuss, mir alle Räumlichkeiten in Ruhe anschauen und dabei noch ihren fachkundigen Erklärungen lauschen zu dürfen.

„Wenn Sie vor einem Jahr gekommen wären, dann hätte ich Ihnen nicht so viel erzählen und erklären können. Aber jetzt … Ich kenn' mich inzwischen schon gut aus!", sagt sie. Die junge Frau hat ihr Freiwilliges Soziales Jahr im Bereich Kultur beim Offenen Kanal Gießen fast beendet. Fast beendet hat sie auch ihren Arbeitstag – aber für ein ausgiebiges Zeigen der Räume mit ihren unterschiedlichen Funktionen nimmt sie sich gern Zeit. Ich würde sagen: Diese Frau ist spontan!

Technisch erscheint mir der Offene Kanal Gießen sehr modern ausgestattet. Am meisten beeindruckt mich der Aufnahmeraum, den ich gern mit einigen Menschen in Aktion erlebt hätte. Dafür ist es aber zu spät am Tag und so bleibt mir nur, mir das lebhafte Treiben im Studio vorzustellen.

Es ist ein spannender Rundgang für mich gewesen.
Zurück auf der steil ansteigenden Gasse, die zur Jugendherberge führt, freue ich mich. Ich freue mich und weiß gar nicht genau, über was am meisten: über die Umsetzung meines spontanen Gedankens? Oder allein über die Möglichkeit der Umsetzung? Diese Art Spontaneität scheint mir gutzutun. Genauso wie das Schlendern und Bummeln tagsüber in der Innenstadt mir gutgetan hat. Mich treiben

zu lassen und zu schauen, wohin ich geleitet werde. Von wem oder was auch immer! Nicht nur für zwei Stunden, sondern für den ganzen Tag und darüber hinaus für die nächsten Tage und gar Wochen.

Mir wurde das Geschenk meines Nach-Hause-Gehens wieder bewusst. Auch wenn ich mir beim Offenen Kanal etwas anderes erhofft hatte, so wurden mir doch ganz andere, nicht geahnte Eindrücke ermöglicht. Nicht umsonst heißt es: Wo sich eine Tür schließt, öffnet sich eine andere. Wie sehr würde ich mich um neue Eindrücke bringen, wenn ich dem Wenn und Aber immer den Vortritt ließe? Oder wie sehr beschränke ich mich in meinen Möglichkeiten, wenn ich aus Angst vor Ungewissem nichts ausprobiere?

Hätte ich den Offenen Kanal aufgespürt, wenn ein Kind neben mir nur halb so begeistert von dem Gedanken gewesen wäre? Wäre ich den reizenden alten Damen Ella und Rike begegnet, wenn eine Freundin neben mir eine leichte Aversion gegen Seniorenwohnheime gehabt hätte? Hätte ich jeweils in den Augenblicken das, was meiner Stimmung und meinem Gefühl entsprach, durchgesetzt?

Es war schön für mich, die Möglichkeit zu bekommen, meine wenig vorhandene Spontaneität etwas zu trainieren. Damit übte ich auch das In-mich-Hineinhorchen um wahrzunehmen, was ich selbst im gegenwärtigen Augenblick am allerliebsten machen würde …

… um genau das dann bestenfalls auch umzusetzen!

Überwältigt

„Wer die Gottesgabe der Begeisterung besitzt, der wird wohl älter, aber niemals alt."

Johann Gerhard Oncken (1800–1884),
deutscher Kaufmann

Es kam des Öfteren – besonders in den ersten Tagen meines Nach-Hause-Gehens – vor, dass ich, mit Tränen in den Augen, überwältigt und auch sehr ergriffen war. Überwältigt von der schönen Natur mit ebenso schönen Ausblicken in einer mir unbekannten Gegend. Aber auch – und ich denke, dieses Gefühl war noch stärker – überwältigt von den Gefühlen, die meine Situation mit sich brachte. Die Situation, die nun meine war. Sie war endlich da. Die Zeit, auf die ich so lange vorfreudig gewartet hatte. Nur ich! Das Einzige, was mich bewegte – im wahrsten Sinne des Wortes –, waren meine eigenen Bedürfnisse. Bedürfnisse nach Gehen, nach Ruhen, nach Essen, nach Trinken, nach Beobachten oder nach Sitzen und einfach nur Gucken.

Dass ich die Natur als außergewöhnlich schön wahrnahm, hat – so glaube ich zumindest – auch damit zu tun, dass sie mir fremd vorkam, eben anders als das, was ich vor der eigenen Haustür geboten bekomme. Denn natürlich lebe auch ich umgeben von schöner Natur. Dadurch, dass sie mir aber tagein, tagaus geboten wird, nehme ich sie nicht immer als solche wahr, sie ist für mich etwas Alltägliches, das ich nicht immer mit Zeit und Muße betrachte.

Aber wie gesagt, hauptsächlich schien ich von der Situation ergriffen zu sein, eben Zeit und Muße zu haben für mich. Ich musste mich um nichts anderes kümmern, außer um das, was mich betraf. Am ersten Abend gab es bereits mein erstes Weinen ob dieser ungewohnten Gegebenheit.

Ich habe mich in meinem Zimmer in einer Pension in Dausenau an der Lahn eingerichtet. Das Wetter, welches für die Nacht zu erwarten ist, hat mich ein Hausdach dem Zeltdach vorziehen lassen. Ich fühle mich erschöpft vom Gehen, aber überglücklich. Erschöpft, weil ich es entgegen der Vernunft mit dem Gehen an meinem ersten Tag natürlich übertrieben habe. Die Vernunft hat mir geraten, nach zehn, maximal fünfzehn Kilometern fürs Erste das Gehen zu beenden. Aber neben der Vernunft gibt es bekanntlich das Bauchgefühl, und zu dem fühle ich mich oft mehr hingezogen als zu der Vernunft. Also gehe ich, vom Genuss getragen, viel zu viele Kilometer für meine untrainierten Beine und Füße. Das sorgt zwar für heftigen Muskelkater, wie ich ihn noch nie zuvor erlebt habe, aber eben auch für das erwähnte überglückliche Gefühl. Irgendwas ist ja immer!

An diesem Gefühl, an diesem Moment will ich die Radlermädels teilhaben lassen. Die Radlermädels sind drei Freundinnen. Alle zwei Jahre erleben wir einen gemeinsamen

Urlaub mit dem Fahrrad. So lautet zumindest die Ursprungsidee. Inzwischen ist nicht selten unsere Flexibilität und Kreativität gefragt, wenn sich aufgrund der Jahre die ersten Verschleißerscheinungen einstellen – bei uns, nicht am Fahrrad! Dann wird aus dem Fahrradurlaub schon mal ein verlängertes Wochenende mit Rucksack.

Fahrrad oder Rucksack, schnuppe – es sind die Radlermädels. Diesen Freundinnen will ich einen Gruß senden aus meinem Zimmer, ein Fließwasserzimmer, welches gefüllt, dekoriert, möbliert, tapeziert und gestrichen scheint mit meinem überwältigenden Glücksgefühl. Das sorgt dafür, dass mir während des Aufnehmens der Sprachnachricht die Tränen kommen und die Worte fehlen. So kann sich also auch ein überwältigendes Glücksgefühl äußern: mehr Gefühlsregungen – weniger Worte! Meine Situation fühlt sich unbeschreiblich frei an.

Mir wird außerdem bewusst, wie wenig Zeit benötigt wird vom Augenblick der Entscheidung, ins Bett zu wollen, bis zu dem Augenblick, in dem ich wirklich im Bett liege. Zuhause, in meinem Alltag, benötige ich das Achtfache an Zeit, weil zwischen der Entscheidung und der Ausführung mindestens noch ein kleiner Wäscheberg, die Kinder vom Handballtraining abholen, Katzen füttern, Hausaufgabenunterstützung, das familiäre Abendessen oder staubsaugen stattfindet. Aber in diesem mit meinem Hochgefühl ausgefüllten Gästezimmer gibt es nichts, was noch erledigt werden müsste. Welch ungewohntes und gleichsam wundervolles Erlebnis.

Ich erinnere mich zudem sehr lebhaft an eine Pause, die ich am dritten Tag an der Lahn eingelegt habe: Der Flussverlauf macht eine starke Linkskurve. Die Uferseite ist ausgefüllt mit einer sattgrünen, leicht ansteigenden Wiese mit wenigen Blumen, zirpenden Grillen und zwitschernden Vögeln. Ich muss an Heidi und Almöhi denken. In einiger Entfernung höre ich Motorengeräusche, die einer Schleuse zugeordnet werden können, die laut Karte in einigen hundert Metern folgen soll. An der anderen Uferseite erstreckt sich eine gewaltige, steile Felswand, die zur Lahn nur so viel Raum lässt, dass eine Eisenbahnschiene am Fuße der Felswand Platz findet.

Obwohl ich erst zwei oder drei Kilometer gegangen bin, seitdem ich am Morgen Laurenburg verlassen habe, scheint mir dieser Platz zu einladend, um einfach nur an ihm vorbeizugehen. Den Rucksack abgestellt, mich ins Gras gesetzt, kullern mir auch schon die Tränen über die Wangen. Ich sitze da, weil mir danach ist, und ich werde so lange sitzen bleiben, wie ich es will. Ich werde meine Rast nicht abbrechen und ich werde sie nicht künstlich verlängern müssen, weil die Bedürfnisse eines anderen sich mit meinen überschneiden. Ich muss nichts erledigen – weder in zehn Minuten, noch abends und auch nicht morgen, übermorgen oder nächste Woche. Ich kann das sinnbefreite Gucken zelebrieren. Meine Gedanken werden nicht durch die Fragen anderer unterbrochen und ich werde mein Tun oder auch mein Nichtstun nicht erklären müssen. Es fühlt sich so unbeschreiblich gut und frei an!

Unbeschreiblich im wahrsten Sinne des Wortes, denn ich bin mir nicht sicher, ob es mir gelingt, dieses Gefühl, getragen von Freude und Dankbarkeit, in Worte und schlussendlich in Sätze zu fassen. Oder anders: Ich bin mir nicht sicher, ob die Besonderheit des vermeintlich Unspektakulären deutlich wird.

Ich ahnte, dass ich in besagtem Augenblick, die beeindruckende Felswand vor mir, die saftig grüne Wiese um mich, etwas erlebte, von dem ich glaubte, dass es eines der wertvollsten Erlebnisse und Erfahrungen während meines Nach-Hause-Gehens sein würde. Und ich erlebte sehr ähnliche Augenblicke viele Male während meines Nach-Hause-Gehens – wenn auch nicht immer mit Felswand und grüner Wiese. Für Außenstehende eine unauffällige, unbedeutende Weile, die mit anscheinend nichts gefüllt war und durch nichts zu etwas Besonderem erkoren werden konnte. Aber für mich versammelten sich in genau solchen Augenblicken viele der Aspekte, die eine so wohltuende Wirkung hatten, die ich gut behütet mit mir nahm und in mir trug. Auch lange nach meiner Heimkehr sollten die Erinnerungen an solche Momente, die ich fest in mir verankert hatte, noch wohltuende Stimmungen auslösen.

Ich kann nicht anders – ich muss es noch mal wiederholen: *Ich sitze da, weil mir danach ist, und ich werde so lange sitzen bleiben, wie ich es will. Ich werde meine Rast nicht abbrechen und ich werde sie nicht künstlich verlängern* müssen, weil die Bedürfnisse eines anderen sich mit meinen überschneiden. Ich muss nichts erledigen – weder in zehn Minuten, noch abends und auch nicht morgen, übermorgen oder nächste Woche. Ich kann das sinnbefreite Gucken zelebrieren. Meine Gedanken werden nicht durch die Fragen anderer unterbrochen und ich werde mein Tun oder auch mein Nichtstun nicht erklären müssen. Es fühlt sich so unbeschreiblich gut und frei an!

Auf den Hund gekommen

„Hunde haben alle guten Eigenschaften des Menschen, ohne gleichzeitig ihre Fehler zu besitzen."

Friedrich II., der Große (1712–1786),

preußischer König

An einem Tag auf meinem Weg sollte ich „auf den Hund kommen". Um es genau zu sagen, für eine kurze Zeit am Tag, und das auch nur für wenige Kilometer.

Gegen halb sieben in der Früh verlasse ich den Zeltplatz in Affolden. Bei der Hitze, die ich im Laufe des Tages zu erwarten habe, ist es schön, in der morgendlichen Frische zu gehen. Da ich allerdings gestartet bin, ohne ein richtiges Frühstück zu mir genommen zu haben, stellen sich nach ungefähr ein bis zwei Stunden unbändiger Kaffeedurst und Heißhunger auf ein belegtes Brötchen ein. Ich tue das, was ich immer in solchen Situationen mache: weitergehen, bis der nächste Bäcker oder eine andere Frühstücksgelegenheit auf meinem Weg liegen wird, und bis dahin mit einem Müsliriegel vorlieb nehmen. Ich vertraue – wie so oft in diesen Wochen – darauf, dass ich dem nächsten Bäcker begegnen werde, bevor ich den Hungertod sterbe.

Also gehe ich genussvoll und inzwischen hungrig meines frühmorgendlich geplanten Weges an der Eder. Eine Koppel mit zwei hübschen, großen Pferden lasse ich hinter mir; an einer Stelle lässt ein Mann seinen Hund im Fluss baden, und ein wenig weiter erhebt sich mitten in der Eder eine kleine, inselähnliche Anhäufung von Steinen und bunten Pflanzen. Ich fotografiere diese, aber eigentlich nur, um später festzustellen, dass kaum ein Foto in der Lage zu sein scheint, die Natur so schön wiederzugeben, wie sie von mir auch an diesem Tag wahrgenommen wird.

Einige Zeit später bemerke ich einen Radfahrer, von hinten kommend. Er wird langsamer, als er mich einholt, und ehe ich bemerke, dass es der Mann und der Hund sind, die ich eben schon beobachten konnte, fragt er: „Darf ich was fragen?"

Ohne mein Tempo zu drosseln, lade ich ihn gern dazu ein, seine Frage zu stellen. Wie sollte es anders sein – er fragt mich nach meinem Weg: Woher, wohin, warum? Wir plaudern ein wenig, und irgendwann frage ich ihn, ob der nächste Ort eine Möglichkeit bietet, zu frühstücken. Leider nein! Aber ein anderer Ort, nicht weit ab meines Weges, besitze eine Bäckerei mit einem umfangreichen, leckeren Angebot, weiß der Mann, der seit einigen Metern mit seinem Hund langsam neben mir herfährt und offensichtlich über gute Ortskenntnisse in der Region verfügt.

„Oh nein – keine Chance", entgegne ich. „Mit diesem Rucksack mache ich keinen Umweg, dann warte ich lieber ein paar Kilometer länger auf mein Frühstück."

Spontaneität scheint dem Mann nicht fremd zu sein: „Ich kann Ihnen was besorgen! Mit Fahrrad ist der Umweg nicht so schlimm. Ich bringe Ihnen Ihr Frühstück! Darf ich?"

Oh ja, das wäre wunderbar! Bitte, bitte, bitte, denke ich, denn ich kann nicht leugnen, dass der Gedanke, im nächsten Ort noch kein Frühstück zu bekommen, kein schöner Gedanke ist. Ich bin inzwischen so hungrig, dass ein Frühstück nicht einfach nur ein Frühstück wäre, sondern fast schon eine lebensverlängernde Maßnahme. Ausgesprochen hört sich meine Antwort allerdings so an: „Ach … das tut nicht not, das brauchen Sie nicht!"

Der Mann aber muss meine unausgesprochenen Gedanken

gehört haben. Er bleibt beharrlich dabei, mich für seinen spontanen Vorschlag zu gewinnen. Mit Erfolg. Schon nach wenigen Augenblicken denke ich: Zum Teufel mit der falschen Bescheidenheit. Ich habe Hunger! In diesem Fall wäre die Konditionierung auf bescheidene Zurückhaltung wirklich ein Verhinderer spontaner, schöner Ereignisse. Und nebenbei auch ein Verhinderer meiner Sättigung. Ich strenge mich ein wenig an und – schwupps – ist es mir möglich, dieser Spontaneität mit einer ebensolchen zu begegnen. Es scheint Situationen zu geben, die sollte man einfach nur annehmen.

Ich darf mir noch etwas wünschen: Es werden ein Kaffee, schwarz, und ein belegtes Brötchen, am liebsten mit Käse, Tomate und Gurke – und dann tritt er in die Pedale und der Hund läuft mit. Wenige Meter weiter stoppt der Mann. „Wissen Sie was? Nehmen Sie meinen Hund, dann kann ich noch schneller fahren!", ist ein neuer spontaner Vorschlag dieses eh schon spontanen Mannes. Das allerdings lasse ich mir nicht zweimal sagen. Zum einen mag ich Hunde, und dieser zottelige, noch nasse Weggefährte macht keinen gefährlichen Eindruck auf mich. Zum anderen werde ich mir so des Frühstücks sicherer. Der Mann würde zweifelsfrei wiederkommen, wenn ich im Besitz seines Hundes wäre! So kommt es, dass Jowis, der Hund, und ich einige Zeit gemeinsam des Weges gehen, während sein Herrchen mir ein Frühstück besorgt. Jowis dreht sich die ersten Meter immer wieder misstrauisch um und schaut nach seinem treuen Freund, der in der Ferne immer kleiner wird und bald nicht mehr zu sehen ist. Ich rede ihm gut zu und streichele ihn viel, in der Hoffnung, ihm dadurch den kurzen Trennungsschmerz zu erleichtern. Ich kann nicht einschätzen, ob Jowis sich im gleichen Maße wie ich über die Rückkehr seines Herrchens im Klaren ist. Zu wenig kenne ich mich mit dem Bewusstsein von Hunden aus, um zu wissen, wozu mein zot-

teliger Kurzzeitgefährte gedanklich in der Lage ist. Und die Möglichkeit, dass dieses Tier die Situation als einen endgültigen Abschied von seinem geliebten Menschen empfinden könnte, geht mir ans Herz, was mich wiederum noch mehr reden und streicheln lässt.

Wir nähern uns einer Brücke, von der der Mann gesprochen hat und die unser Treffpunkt sein soll. Jowis fängt an, sich an mich zu gewöhnen. Zumindest bekomme ich den Eindruck, dass er sich nicht mehr ganz so häufig umdreht, und er beginnt, die neue Gegebenheit, die er ungefragt akzeptieren muss, anzunehmen. Naja, er hat es mit mir auch nicht schlecht getroffen!

Wenige Minuten nach unserem Eintreffen an der Brücke kommt auch der Mann, der Dieter heißt, was ich aber erst wenig später erfahre, mit meinem Frühstück. Jowis freut sich – ich auch! Wenn auch aus unterschiedlichen Gründen. Wir sitzen an einem einladenden Platz, bestückt mit Tisch und Bänken aus Holz, und unterhalten uns. In dieser Zeit passieren drei oder vier Bekannte von Dieter diesen Platz und gesellen sich mehr oder weniger kurz zu uns.

Nach ungefähr einer halben Stunde verabschieden wir uns. Ich bin dankbar und satt, Jowis ist wieder trocken und jeder auf seine Art um eine nette Begegnung reicher.

Für mich zählt dieses „Sich über den Weg laufen" zu den schönsten Begegnungen in den Wochen meines Nach-Hause-Gehens. Ich hatte es vorher schon geahnt, aber derartiges Sich-Begegnen bestätigt mich noch einmal mehr: Die Menschen sind gut zueinander, und sie wollen einander helfen!

Daumen hoch

„Wenn jeder dem anderen helfen wollte, wäre allen ge-
holfen."

Marie Freifrau von Ebner-Eschenbach (1830–1916),

österreichische Erzählerin

Aus den 1960er- und 1970er-Jahren sind Bilder von Menschen bekannt, die mit erhobenem Daumen an Straßen stehen. Andere erhoben einen anderen Finger, den mahnenden Zeigefinger, ob der Gefahren, die mit dieser meist von jungen Menschen genutzten, umweltfreundlichen Fortbewegungsmöglichkeit einherging. Dabei gab es real keine nennenswert erhöhten Risiken, beim Trampen Opfer eines Gewaltverbrechens zu werden. Das bestätigte auch eine Studie des Bundeskriminalamtes Wiesbaden aus dem Jahr 1989. Es kam laut dieser Studie in manchen Fällen zwar zu anzüglichen Bemerkungen gegenüber Frauen, aber denen seien sie auch im Alltag beim Nicht-Trampen ausgesetzt. Gewalttaten gegenüber Trampern oder Tramperinnen waren und sind in Deutschland sehr selten.

Ein gewisses Grundrisiko geht jeder ein. Aber tut man das nicht auch bereits morgens beim Aufstehen, indem man sich dem angebrochenen Tag mit all seinen Unvorherseh-barkeiten entgegenstellt? Ich denke, die real größte Gefahr eines Trampers ist, bei einem Verkehrsunfall ums Leben zu kommen. Trotz dieser eher harmlosen Gegebenheiten scheint das Trampen in der heutigen Zeit etwas aus der Mode gekommen zu sein. Bei „Daumen hoch" denkt manch einer zuerst an den „Like" aus der Internetwelt anstatt ans Trampen.

Ich habe diese Art des Vorankommens während meines Nach-Hause-Gehens wenige Male für kurze Strecken genutzt. Meistens dann, wenn ich aufgrund des heißen Wetters mit meinen Kräften ziemlich am Ende war, aber trotzdem einen bestimmten Ort erreichen wollte. Wieso überhaupt einen bestimmten Ort erreichen? Ich war doch so wunderbar unabhängig mit meinem Zelt. Ja, das war ich. Aber es gab auch noch das Argument Hunger, und manchmal kam es vor, dass ich bereits am Vormittag ein Zimmer in einer Jugendherberge gebucht hatte, welches ich dann auch gern, in Vorfreude auf eine Dusche und eine Matratze, erreichen wollte.

Überwiegend ging es beim Trampen um eine Etappe von wenigen Kilometern: drei, fünf oder acht. Als Autofahrer schleicht sich schnell der Gedanke ein, dass es sich dafür nicht anzuhalten lohnt. Für fünf Kilometer abbremsen, anhalten, wieder Gas geben, sich schlimmstenfalls einem hohen Mitteilungsbedarf aussetzen und nach kurzer Zeit wieder abbremsen und anhalten? Dieser Aufwand steht natürlich in keinem Verhältnis zu den wenigen Kilometern des Menschentransports. Mag sein. Aber von diesem Missverhältnis ahnten die Autofahrer ja noch nichts, als sie mich am Straßenrand stehen sahen.

Meine Erfahrung als Fußgängerin mit Rucksack ist die, dass fünf Kilometer eine große Beschwernis sein können, wenn ich mich kräftemäßig bereits ausgelaugt fühle. Fünf Kilometer bedeuten, dass ich eine weitere volle Stunde zu Fuß unterwegs sein werde. Sich dazu aufzuraffen, fällt manchen Menschen schon in der heimischen Umgebung ohne Rucksack schwer. Da darf es einer verschwitzten Frau nach diversen Kilometern Fußmarsch mit einem beladenen Rucksack schon mal zu viel sein!

So entscheide ich mich am dritten Tag – mir setzen die Hitze und der Muskelkater zu –, den Restweg nach Limburg per Anhalter zu fahren. Von einer Wartezeit an der Straße kann keine Rede sein. Es herrscht reger Verkehr und bereits das zweite Fahrzeug hält an. Ein netter Mann nimmt mich in seinem Transporter mit. Er ist sogar so nett, dass er mir anbietet, mich zur Jugendherberge nach Limburg zu bringen, obwohl es nicht auf seinem Weg liegt. Wir fragen uns nicht nach unseren Namen, was uns nicht davon abhält, ein angeregtes Gespräch zu führen. Er ist in Düsseldorf bei seiner alleinerziehenden Mutter groß geworden. Irgendwann riss er aus, ganz klassisch, und wollte nicht, dass seine Mutter wusste, wo er war.

„Ich weiß heute nicht mehr, was mich da geritten hat!", fügt er kopfschüttelnd hinzu, zumal ihm keine unüberbrückbaren Differenzen mit seiner Mutter in Erinnerung sind. „Ich wollte einfach weg. Frei sein!"

Es ist eine angenehme Unterhaltung, für die ich mich, neben der Bereitschaft, für mich einen Umweg zu fahren, gern bedanke, als wir die Jugendherberge in Limburg erreichen.

Es gibt etwas, von dem ich nicht genau weiß, wie es fachmännisch – oder fachfraulich – heißt: Es ist dieses Gefühl, welches sich blitzschnell einstellt, nachdem man mit völlig unbekannten Menschen plötzlich in eine Art Beziehung getreten ist. Mir wird es im Laufe meiner Tramp-Erlebnisse sehr deutlich. Schon wenige Augenblicke reichen, und ich habe entweder ein angenehmes Gefühl oder ein eher unbehagliches neben der hilfsbereiten Person, die mich mitnimmt. Es mag etwas mit der Aura der Menschen, die mit einem in Kontakt treten, zu tun haben. Vielleicht nennt man es auch einfach Sympathie oder eben Antipathie?

Der Mann, der während seines Heranwachsens auf so freiheitsliebende Art und Weise seiner Mutter mit Sicherheit einen unvergesslichen Schrecken eingejagt hat, lässt mich vom ersten bis zum letzten Meter unserer gemeinsamen und einmaligen Fahrt ein sehr gutes Gefühl haben.

Anders erging es mir bei Angel aus Mazedonien. Es lag nicht daran, dass er aus Mazedonien kam, warum auch? Er kam nur einfach daher. Mit seinem großen Sattelzug nahm er mich für einige Kilometer mit in Richtung des Edersees. Dort wollte ich ein Schiff erreichen, welches nur an diesem Tag in der Woche zu einer Seefahrt startete. Und der Gedanke, ein paar Stunden auf einem Dampfer zu verweilen, behagte mir an dem Tag sehr. Zu Fuß aber hätte ich es zum Ablegen des Schiffes nicht schaffen können. Deswegen entschied ich mich für „Daumen hoch".

Als Angel anhält, bin ich zuerst beeindruckt von der Größe des Führerhauses seines Lkws. Als ich direkt daneben stehe und gar versuche, das Innenleben dieses Fahrzeugs zu erreichen, fühle ich mich prompt an meinen letzten Besuch im Kletterpark erinnert. Ohne Hilfe des Fahrers, der von innen – also von oben – an meinem Rucksack zieht, während ich von außen – also von unten – hebe, wäre es mir kaum gelungen, das Innenleben dieses Fahrzeugs zu erreichen. Natürlich will ich mir nicht die Blöße geben und sagen: „Tut mir leid, Sie müssen ohne mich fahren, ich komme da nicht hoch. Ich schaff das nicht!"
Vielleicht hätte ich es gesagt, wenn ich zu dem Zeitpunkt schon um die unangenehme Aura des mazedonischen Fernfahrers gewusst hätte. Obwohl es vermutlich einseitig und unfair wäre, nur von seiner unangenehmen Aura zu sprechen. Immerhin habe ich auch eine Aura. Und wenn Menschen nicht harmonieren liegt es mitnichten nur an der Aura eines Einzelnen.
Nach meinem kräftezehrenden Klettereinsatz mache ich es mir auf meinem Sitzplatz gemütlich. Soweit es eben geht, wenn man sich in einer Umgebung wiederfindet, die an den heruntergekommenen, vernachlässigten Wohnraum eines Single-Mannes erinnert. Und schon ist es da, das eben erwähnte Gefühl, welches binnen Bruchteilen von Sekunden entweder positiv oder negativ ausfällt. Noch gar nicht ganz

auf meinem Platz angekommen, sehne ich den Moment herbei, an dem ich dieses Fahrzeug wieder verlassen kann. Mein negatives Gefühl wird verstärkt durch Angels redseliger Stimmung, die sich in dem Moment unseres Zusammentreffens nicht mit meinem Bedarf nach Wortlosigkeit deckt. Er freut sich über mich und ich versuche ein wenig angestrengt, die gleiche Gefühlsregung zu signalisieren. Tatsächlich aber bin ich genervt und auch etwas angewidert. Angewidert von meinem unaufgeräumten Umfeld, von dem ich hoffe, dass ich dieses ohne Ansteckungen mit irgendwelchen Virus- oder bakteriellen Erkrankungen binnen kürzester Zeit wieder verlassen werde. Ordnungsliebe scheint ein Bestandteil meiner DNS zu sein! Und genervt von Angels fast hyperaktiv wirkendem Satzauswurf, von dem ich nur erahnen kann, was er meint, da er der deutschen Sprache nur mittelmäßig bis kaum mächtig ist. Es ist anstrengend, ihn verstehen zu wollen, was mich dazu veranlasst, ihn bald nicht mehr verstehen zu wollen. Aber Angel hört nicht auf zu reden.

„Mazedonien. Du kennen? Du Kinder? Deine Kinder auch kennen?"

„Ja, doch. Sicher."

„Was sagen Kinder? Was sagen zu Mazedonien?"

Meine Güte, Angel, du nervst. Mal davon abgesehen, dass ich nicht weiß, wann und ob ich mit meinen Kindern schon mal explizit das Thema Mazedonien hatte, weiß ich auch nicht, was du imstande bist, von dem, was ich erzählen würde, zu verstehen!, denke ich.

Ich denke es nur. Ausgesprochen hört sich das so an: „Och, nicht so viel. Wir haben keinen wirklichen Bezug dazu."

„Hä? Du kennen? Was sagen zu Mazedonien?"

Meine Güte, Angel, wann merkst du endlich, dass ich gerade nicht in Stimmung bin, zu reden? Anderen zusammengesetzten Satzfetzen kann ich entnehmen, welche Begeisterung er verspürt, wenn er jemanden auf eine gewisse Wegstrecke seines „On the road"-Daseins mitnimmt. Er scheint daraus eine Art Hobby entwickelt zu haben, denn immer, wenn er Tramper mitnimmt, fotografiert er diese und postet es auf seiner Facebookseite, damit die Welt sehen kann, wen er jetzt gerade wieder wo glücklich macht. Zumindest glaube ich, dass er das erzählt. Ich kann nicht ausschließen, dass er in Wirklichkeit über das Brunftverhalten von Rothirschen referiert. Wie gesagt, er ist wirklich schwer zu verstehen. Ich gehe davon aus, dass ich ihn mit seiner Facebookaktivität richtig verstehe. Das schmälert meine eh kaum vorhandene Begeisterung zusätzlich. Denn mit derartigem Gebaren ist er bei mir gänzlich falsch. Mich fotografieren? Und dann noch bei Facebook posten? Ich bedeute ihm, dass ich das vermeintlich soziale Netzwerk doof finde und dass ich kein Interesse daran habe, ein Bild von mir gepostet zu wissen. Hier kippt die Stimmung etwas. Angel scheint zu erkennen, dass ich gerade nicht in einer „Hey, wie super, dass wir uns begegnen"-Stimmung verharre und dass ich eine ziemliche Spaßbremse sein kann. Als Kompromiss schlage ich ihm mithilfe von Pantomimen vor, dass ich mir die Radwanderkarte, die ich bei mir habe, vor mein Gesicht halten könnte. Dann könnte er mich fotografieren und, wenn es ihn glücklich macht, meinetwegen das Foto auch veröffentlichen. So machen wir es. Dieser Vorschlag sollte mein Beitrag zur kulturellen Verständigung sein. Denn neben all meinen Negativgefühlen Angel gegenüber war ich ihm trotzdem sehr dankbar. Dankbar, dass er angehalten hatte und ich damit pünktlich das Schiff erreichen konnte. Mein Eindruck war, dass nicht nur ich wieder viel zufriedener wurde, als unsere gemeinsamen Kilometer endlich hinter uns lagen.

Eine Schwierigkeit beim Trampen ist, dass es nicht an jedem Ort günstige Stellen gibt, an denen man als Tramper gut und sicher steht, geschweige denn, an denen ein Autofahrer gut und sicher anhalten kann. Je größer das Fahrzeug, desto weniger spontan scheint der Fahrer des Gefährts reagieren zu können. In den Niederlanden soll es spezielle, durch Schilder ausgewiesene Stellen für Tramper geben. Die sogenannten „Liftershalte" sind mit Haltebuchten versehen und ermöglichen so einen problemlosen Ablauf zwischen Anhaltenden und Mitfahrenden.
Ich war aber nicht in den Niederlanden, sondern in Deutschland. Und so kam es, dass ich in Uelzen fast vier Kilometer zurücklegte, bis ich vom Bahnhof, den ich mittags mit dem Zug erreicht hatte, an einem Punkt stand, von wo aus sich das Trampen als sinnvoll erweisen könnte. Von Uelzen in Niedersachsen wollte ich noch weiter östlich ins Wendland.

Dort war ich am Nachmittag mit einer geschätzten Freundin verabredet. Sie hatte mir mehr als einmal angeboten, dass sie mich aus Uelzen vom Bahnhof abholen könne. Ich hatte mehr als einmal dankend abgelehnt. Sie war der Meinung, dass Uelzen ein „Kaff" wäre, aus dem man als Tramper schlecht rauskomme. Ich war der Meinung, dass sie es mich wenigstens versuchen lassen sollte – aus zweierlei Gründen: Erstens, weil ich nicht wollte, dass sich der Zugfahrt, die mir auf meinem Nach-Hause-Weg wie Snobismus erschien, eine weitere Bequemlichkeit anschloss. Zweitens, weil ich an meinem Glück beim Trampen keinen Zweifel hatte.

Bei ihr angekommen, ergründete sie amüsiert, wieso sie derart vehement darauf bestanden hatte, mich aus Uelzen abholen zu wollen: „Das Einzige, was mich mit Uelzen verbindet, ist mein Zahnarzt. Wahrscheinlich wollte ich dich aus diesem Ort, der für mich so negativ behaftet ist, einfach nur schnell hinaus wissen!"

Tatsächlich hat es wieder nur wenige Minuten gedauert, bis eine Autofahrerin stoppt und mich genau zu dem Ort mitnehmen kann, wo ich, wenn ich hätte ankreuzen können, hinwollte. So viel zu meinem Glücksvertrauen beim Trampen! Auf den folgenden Kilometern lerne ich in einem älteren, etwas klapprigen Kastenwagen eine Frau kennen, die seit vielen Jahren in einer Art Kommune lebt. Es ist ein Selbstversorgerhof im Wendland. Sie scheint nicht viel jünger als ich zu sein, hat aber ein viel jüngeres

Kind. Ihr Sohn ist im Kindergarten, und somit unterscheiden sich unsere Mutterrollen schon sehr voneinander. Da ich mehr als eine Viertelstunde mit der Frau im Auto unterwegs bin, bekommt unser Gespräch eine gewisse Tiefe, die im Laufe der zurückliegenden Wochen nur bei wenigen Unterhaltungen möglich war und die ich doch manches Mal schmerzlich vermisste. Viele Begegnungen waren zwar kurzweilig aber von kurzer Dauer und flüchtig, dadurch aber nicht weniger herzlich und wohltuend. Jedoch ist es der Kürze vieler Begegnungen geschuldet, dass die Unterhaltungen ein wenig an der Oberfläche blieben. Obwohl mich natürlich niemand – außer ich mich selbst – davon abhielt, auch bei einer kurzen Begegnung die Frage in den Raum zu stellen: „Was ist eigentlich Ihre Lebensphilosophie?"

Mit dieser Frau in dem klapprigen Auto erfüllt sich mein Wunsch nach einem Gespräch mit Tiefgang, wie ich es nennen würde. Wir unterhalten uns darüber, wie sehr die Mutterrolle aus unserer Erfahrung heraus Prioritäten verändert. Sie denkt wegen des Sohnes über einen Auszug aus der Kommune nach, weil dort keine weiteren Kinder sind, und sie findet es schwierig, sich diesbezüglich gegebenenfalls neu definieren zu müssen. Wir reden über Lebensphilosophien und sie erzählt von der finanziellen Knappheit in der Kommune, welcher aber eine große empfundene Freiheit gegenübersteht. Sie teilt ihre Begeisterung mit, die sie durch das alljährliche Mosten von Apfelsaft auf ihrem Hof erlebt, wenn viele Besucher für nette Gespräche und reges

Treiben sorgen. Angekommen an dem Ort, wo unser gemeinsamer Weg endet, trennen mich noch ungefähr anderthalb Stunden Fußmarsch von meiner Freundin. Ich freue mich sehr – auf beides: auf den Fußmarsch, der versorgt ist mit neuen Gedanken aus dem vorangegangenen Gespräch, und auf die anschließende Ankunft bei Susann.

Wenn ich von meinen Begegnungen, die durch das Trampen entstanden, erzähle, dann darf die Begegnung mit Daniel nicht fehlen. Daniel hielt mit seinem weißen Lieferwagen an, als ich wenige Kilometer vor Gießen entschied, die Restetappe trampend zurückzulegen. Ich hatte zwei kleine Blasen am rechten Fuß entdeckt. Das und mein erschöpfter Zustand an diesem Nachmittag des siebten Tages rechtfertigten mein Ausweichen auf die bequeme Art und Weise des Vorankommens.

„Schon mal einen dunkelhaarigen Daniel gesehen?", ist so ziemlich die erste Frage, die der hilfsbereite Mann mir stellt. Kurz überlege ich, verneine dann. Währenddessen verstreichen die bereits erwähnten ersten Sekunden, die über ein positives oder negatives Gefühl entscheiden. Ich fühle mich wohl bei ihm.
Dieser Daniel ist ein aramäischer Türke, womit er einer besonderen Gruppe der türkischen Christen angehört. Wenn Gespräche eine geschichtliche oder religiöse Richtung bekommen, dann neige ich dazu, mich schnell unwissend zu fühlen. Zu sehr bin ich an langweiligen Geschichtsunterricht in der Schule erinnert, der zur Folge hatte, dass ich

kaum mehr hinhörte. Kurz vor einer schriftlichen Leistungsprüfung hieß es dann bei dem einen Lehrer: „Im Buch Seite 135 bis 206 lesen, das kommt in der Arbeit vor!" Ausgestattet mit Demotivation und Unlust am Lesen beschränkte sich meine Arbeitsvorbereitung darauf, dass ich mir auf den Seiten 135 bis 206 zumindest die Bilder anschaute.

Zurück zu meinem aramäischen Türken. In diesem Fall kann ich allerdings mit dem Wissen glänzen, dass Aramäisch die Sprache gewesen sein soll, die Jesus gesprochen hat. Fälschlicherweise glauben viele, dass Jesus Hebräisch sprach. Hat er aber nicht! Ich spüre förmlich Daniels Begeisterung ob meiner Kenntnis. Spontan unternehmen wir im Auto einen Sprachkurs. Ich sage einen Satz oder ein Wort und er übersetzt es mir ins Aramäische. „Guten Tag" heißt zum Beispiel „Schlomo". Zumindest spricht man es so aus. Den Anspruch, das Wort schreiben zu können, habe ich nicht, zumal Aramäisch nicht mit dem mir bekannten Alphabet verschriftlicht wird. Daniel und ich sind uns einig, dass es um die korrekte Aussprache geht. Als Erwiderung auf das „Schlomo" dient für gewöhnlich unser „Willkommen", welches „Bscheino" ausgesprochen wird – wobei das *ei* wie unser *äi* gesprochen wird. Wichtig ist mir auch noch das Wort „Danke", welches mir auch in der Übersetzung sehr gefällt: „Taudi". Daraufhin gibt Daniel noch den Satz „Nichts zu danken" vor, der höflicherweise oft dem „Danke" nachgeschoben wird: „Lo medem!"

Es ist eine kurzweilige, gesellige Zeit mit dem dunkelhaarigen Daniel, bis wir viel zu schnell die Stadt Gießen erreichen. Wir nähern uns einer Kreuzung, die Ampel springt auf Rot. Im selben Moment erblicke ich einen Wegweiser zur Jugendherberge. Überstürzt entscheiden wir, dass wir die Rotphase für das Verabschieden nutzen sollten. Ich greife mir meinen Rucksack, packe hastig den Zettel ein, auf dem ich meine frisch gelernten Vokabeln festgehalten habe, und steige in dieser Kreuzungssituation, die durch eine Baustelle noch unübersichtlicher wird, aus. Die Ampel springt auf Grün, und bevor ich die Tür des Transporters zuschlage, rufe ich Daniel noch freudig zu: „Taudi!"
Er erwidert im Anfahren, freundlich winkend: „Lo medem!"

Ich ging sehr erfüllt aus dieser Begegnung hervor. Über so viele Dinge konnte ich mich freuen: über die nette Unterhaltung, meine gelernten Vokabeln und über die Tatsache, dass mich dank Daniel nur noch ein, höchstens zwei Kilometer von meiner ersehnten Dusche und einem gemütlichen Bett trennten. Auch freute ich mich über die Begegnung mit dem netten, aramäischen Türken, weil mir mit diesem Zusammentreffen eine Möglichkeit geschenkt wurde, mein aus Kindertagen tief verwurzeltes Vorurteil südländisch aussehenden Männern gegenüber zu korrigieren. Wo eben besagte Voreingenommenheit mir alarmierend melden wollte: „Vorsicht, südländischer Schürzenjäger, der Frauen unterdrückt!", hielt diese persönliche Begegnung nun überzeugt dagegen: „Wunderbar! Hilfsbereiter, geselliger, zweisprachiger Mensch, der Frauen mit Rucksack Vokabeln beibringt!"

Um meine Erlebnisse beim Trampen während meines Nach-Hause-Gehens zusammenzufassen: Daumen hoch!

Sieben Laster

„Ein angenehmes Laster ist einer langweiligen Tugend
bei Weitem vorzuziehen."

Molière (1622–1673),

französischer Komödiendichter und Schauspieler

B in ich hochmütig? Geizig? Neidisch? Unkeusch?
Unmäßig? Zornig oder träge? Auch wenn ich
mich am Tag, als mir das „Haus der sieben Las-
ter" in Limburgs Altstadt begegnet, von all den vermeint-
lichen Mangelhaftigkeiten weit entfernt sehe, so scheint
mir trotzdem sicher, dass es nicht nur Eigenschaften ande-
rer Leute sind. Sie betreffen auch mich. Ob ich will oder
nicht!

Es ist beim Lesen des Schildes weniger ein Gefühl von Er-
tappt- oder Erwischtsein.

Vielmehr kommt in mir mein stetig wachsender Widerwille auf, Dinge – in dem Fall: Verhaltensweisen – pauschal in „gut" oder „schlecht", in „richtig" oder „falsch" einzuteilen.

Das traditionelle christliche Abendland hatte diese am besagten Haus in Form von Holzköpfen dargestellten Laster irgendwann zu den sogenannten Wurzel- oder Hauptsünden erkoren.

Pech für jeden und jede, die damals werktags gerne mal faul die Füße hochlegten oder nicht bereit waren, ihre Wut über einen Missstand hinunterzuschlucken. Und wahrscheinlich auch Pech für jene, die öfter Sex hatten, als es dem menschlichen Verhalten laut damaliger ethischer

Wertung gut tat. Ihr Verhalten war schädlich für den Einzelnen und untragbar für die Gesellschaft – so mag es vereinzelt geheißen haben. Das „Haus der sieben Laster", welches auf wunderbare Weise in das Bild der urigen Altstadt passt, war Impuls für ausschweifende Gedanken.

Und da war es wieder; das, was mir an jedem Tag meines Nach-Hause-Gehens als das größte Geschenk, der größte Luxus erschien: das ungestörte Gedankenmachen über weite Kilometer hinweg, ohne von diesen durch Fragen anderer abzukommen und ohne diese wegen eines Termins oder einer anderen Verpflichtung unterbrechen zu müssen. Die Muße, die Zeit und die Ruhe, die es mir ermöglichten, über einen langen Zeitraum bei meinen Gedanken und somit auch bei mir zu bleiben, taten mir gut. Es fühlte sich an, als wenn meine leeren Akkus durch diesen wunderbaren Zustand mit Energie gefüllt würden – auch wenn Kurt Tucholsky, bekannter Schriftsteller, der 45-jährig durch seinen Freitod aus dem Leben schied, diese Zeilen hinterließ:

"Nie geraten die Deutschen so außer sich,
wie wenn sie zu sich kommen wollen."

Ich kann diese Wahrnehmung des Kaspar Hauser, wie er sich auch nannte, nicht bestätigen. Jeder Tag, der mir die Möglichkeit bot, bei mir und mit mir zu sein, ließ mich nicht außer mir geraten, sondern eher zu mir.

Zurück zu den sieben Lastern, die Impulsgeber für dieses Kapitel wurden.

Sind diese sieben Laster tatsächlich schlechte Verhaltensweisen? Mir scheint, als wenn vielmehr das Maß, also die Ausprägung, einer Eigenschaft darüber entscheidet, ob sie als gut oder schlecht empfunden wird. Einen Wesenszug pauschal in die Schublade „gut" oder andernfalls in die Schublade „schlecht" einzuordnen, scheint mir zwar gängig, aber nicht unbedingt sinnvoll. Sachbücher, die ich zum Thema „Persönlichkeitsentwicklung" gelesen habe, bestätigen das.

Es bringt mich nicht weiter, wenn ich gewisse Eigenschaften, die ich an mir wahrnehme, als schlecht deklariere, sie unterdrücke und auf Teufel komm raus nicht ans Tageslicht lassen will. Vielmehr tue ich meiner Persönlichkeit einen Gefallen, wenn ich auch die Anteile negativer Eigenschaften in mir akzeptiere, liebe und zu beherrschen lerne. Eine Portion Schüchternheit, Geiz oder Eifersucht kann, wohldosiert und zur passenden Zeit, durchaus positive Auswirkungen haben. Wenn ich das erkannt habe – da sind sich die Autoren der von mir gelesenen Sachbücher und ich einig –, kann meine Persönlichkeit viel mehr ihres Potenzials entfalten und ich werde – salopp gesagt – zu einem rundum zufriedenen Menschen. Herzlich willkommen, du schöne Unvollkommenheit! So die Theorie – an der Praxis arbeite ich.

Für mich ist es inzwischen viel leichter, zu akzeptieren, dass ich manchmal neidisch oder eifersüchtig bin, als krampfhaft diese Wesensanteile im Keller verstecken zu wollen, damit sie unsichtbar bleiben und ich bestenfalls als unfehlbare Frau dastehe. Das wird nichts werden, denn ja, ich kann neidisch und eifersüchtig sein! Und wie! Nicht immer. Aber manchmal. Wenn diese Eigenschaften das Ruder übernehmen, dann spielt nicht selten die Menstruation eine entscheidende Rolle. So beobachte ich es zumindest bei mir. Der Hormonhaushalt zu Beginn der Regel scheint sich in kleine Verkehrspolizisten zu verwandeln, die an einer Kreuzung stehen und meine Entspanntheit und die Genügsamkeit ausbremsen, während sie den Neid, die Eifersucht und all die B-Promis unter den Eigenschaften freundlich durchwinken. Und dann stehe ich unter Umständen schon mal da und leide innerlich an der Konfrontation mit dem, was meinen Geschwistern und Freunden möglich ist, wozu sicher auch deren gut verdienender Lebenspartner beiträgt: ein Urlaub, ein Aus- oder Umbau, eine Neuanschaffung für Haus oder Hof, die Finanzierung des Führerscheins oder des Auslandsaufenthaltes für die Kinder – all das kann in der Lage sein, bei mir Neidgefühle zu wecken, weil es mir meinen begrenzten finanziellen Spielraum präsentiert. In einem früheren Buch von mir beschrieb ich ähnliche Gefühle folgendermaßen: „Alle anderen scheinen auf der Überholspur, nur ich hänge in der Notfallbucht fest!" Aber ich tröste mich damit, dass es nur Neid ist. Neid ist lediglich der ab und zu aufflammende Wunsch nach Gleichwertigem. Missgunst hingegen erscheint mir bedrückender und unerträglicher, weil Missgunst das Verübeln beinhaltet. Und das wiederum beobachte ich bei mir – ich wage zu sagen – nie. Zum Glück! Ich kann mich mitfreuen und von Herzen gönnen.

Und weil, wie gesagt, dieser neidische Wesenszug nicht omnipräsent ist, scheint er für mich und mein Umfeld nicht weiter schlimm zu sein. Hier schließt sich auch der Kreis zu meiner Interpretation, dass das Maß einer Sache über gut oder schlecht entscheidet. Zum Glück gibt es genügend Tage, an denen meine Hormonpolizisten an besagter Kreuzung weder den Neid noch die Eifersucht durchwinken, sondern meiner Genügsamkeit und Gelassenheit den Vortritt lassen. Das sind dann auch die Tage, an denen mein Lieblingsmann nicht befürchten muss, dass ich wie eine verstoßene, winselnde Hündin reagiere, die unbedingt gestreichelt werden muss, wenn er mit einer mir unbekannten Frau ein Konzert besucht, einem interessanten Vortrag lauscht oder einen genüsslichen Spaziergang macht.

Ich entscheide mich in Limburg am „Haus der sieben Laster" dafür, keine Revolution auszulösen, die eine Neudefinition von „Laster" zum Ziel hat. Vielmehr begnüge ich mich mit der leisen Variante, was bedeutet, dass ich meine vermeintlich schlechten Eigenheiten willkommen heiße und meine Gedanken, die dieses Haus auslöste, mit auf meine weitere Reise nehme.

Mord am Hühnerstall

„Manche Leute schlafen nur deshalb so gut, weil sie so langweilige Träume haben."

Anne Louise Germaine de Staël (1766–1817),
französische Schriftstellerin

Oft wurde ich auf meinem Nach-Hause-Weg und auch in der Zeit danach gefragt, ob ich denn gar keine Angst hätte. Ich ahnte, wo die Frage hingehen sollte und reagierte so, dass mein Gegenüber sich sicher sein konnte, dass ich *diese* gemeinte Angst nicht hatte: keine Angst vor dem „Schwarzen Mann", keine Angst vor dem gewalttätigen Verbrecher und keine Angst vor dem irren Psychopathen. Was nicht heißt, dass ich mir nicht manchmal während des Gehens gruselige Gedanken machte und mir vorstellte, wie es wohl wäre, einer Gewalttat zum Opfer zu fallen. Aber diese Gedanken verwandelten sich nicht in Angst, sie blieben Gedanken. Einfach nur Gedanken. Und je mehr ich über Ängste nachdachte, desto mehr fühlte ich mich darin bestätigt, dass Angst viele Gesichter haben kann.

Ich mag das Sprichwort: Wo die Angst ist, ist der Weg! Wenn man sich bewusst macht, dass Angst nichts Negatives sein muss, sondern auch ein Wegweiser sein kann, der das eigene Ich erweitert, dann bekommt man förmlich Lust auf Angst. Viel zu oft leben wir nach dem Prinzip, Angst vermeiden zu wollen. Aber Vermeidung bringt Einschränkung mit sich. Und in dem Augenblick, wo wir uns einschränken, leben wir nicht vollständig. Somit bedeutet, der Angst zu begegnen, auch, dem Leben zu begegnen.

Ich habe nicht von klein auf so über die Angst gedacht. Meine eben beschriebene Überzeugung und der Wille, positiv mit der Angst umzugehen, sind vielmehr ein Ergebnis aus einem Prozess, der sich über Jahre hinzog. Früher hatte ich auch ein mulmiges Gefühl im Dunkeln. Aber während des besagten Prozesses lud ich immer mehr die Realität ein, den Platz der gruseligen Vorstellungen einzunehmen. Und siehe da – eine reale Gefahr ist oft nicht vorhanden, höchstens eine gefühlte Gefahr.

Nun aber Butter bei die Fische! Hatte ich in keinem Moment meines Weges Angst? Doch!

Nachdem ich mir eine Übernachtung auf dem schönen Reiterhof in Aumenau an der Lahn gegönnt habe, will ich, sozusagen als Kontrastprogramm, wieder eine Nacht im Zelt verbringen, am liebsten „wild". So kommt es, dass ich gen Abend auch einen Platz erblicke, von dem ich mir gut vorstellen kann, dass es mein Schlafplatz werden würde. Ein wiesenähnliches Stück Land direkt an einer Koppel, auf der frisch gemähtes Gras liegt, welches nur darauf wartete mithilfe des milden Wetters zu herrlich duftendem Heu zu werden. Als ich näher komme, erschließt sich mir, dass dieses erspähte Stück Natur offensichtlich zu einem privaten Grundstück gehört. Unweit davon wächst ein großzügiges Haus, fast villenartig, aus dem Boden. Und unmittelbar in der Nähe des besagten Hauses spaziert ein junger Mann mit einem Kleinkind auf dem Arm und von zwei quirligen Möpsen – die Rede ist von zwei kleinen Hunden! – umgeben. Ich spreche ihn an und frage, ob das von mir begehrte Grundstück zu seinem Besitz gehört und ob er es erlauben würde, dass ich dort für eine Nacht mein Zelt aufschlage. Er ist nicht unfreundlich, aber auch nicht in dem Maße zugewandt wie seine Möpse. Auch ist er kaum in der Lage, Gastfreundlichkeit zu vermitteln, wie ich es von vielen anderen Menschen auf meinem Nach-Hause-Weg erleben durfte. Seine distanzierte Art lässt es trotzdem zu, mir das Aufbauen meines Zeltes zu gestatten. Dabei erzählt er mir noch von seinen Hühnern, dem Hühnerstall samt großzügigem Gehege, welches er frisch angelegt hatte, bevor er sich mit Kind und Möpse zu seinem Wohnhaus zurückzieht. Diese Hühner würden also für die Nacht meine direkten Nachbarn sein.

Ich beginne damit, mein Zelt aufzubauen und allem, was zu meinem Besitz gehört, einen geeigneten Platz im Inneren meiner Outdoor-Behausung zuzuordnen, sodass mir trotzdem genügend Bewegungsfreiheit bleibt, um in allen von mir bevorzugten Stellungen zu schlafen. Es ist meine dritte Nacht im Zelt, weswegen ich bei diesem Prozedere bereits anfange, eine gewisse Routine zu entwickeln.

Danach setze ich mich, der Sonne zugewandt, von dem Hühnerstall halb abgewandt, auf die Wiese und esse ein belegtes Brötchen, welches ich mir unterwegs als Abendbrot gekauft hatte, und rufe den Hühnern kauend zu: „Auf gute Nachbarschaft!"

In diesem Moment kommt der mir bereits bekannte Mann samt Frau, drei ziemlich gleichaltrigen Freunden und zwei Kindern zum Hühnergehege. Das eine Kind hatte er vorher auf dem Arm, das andere Kind ist ein circa fünfjähriges Mädchen. Mir stellt sich die Situation so dar, dass den Freunden stolz und in Vorfreude auf das erste Ei die Hühner, der Stall und das Gehege präsentiert werden.

Ich sitze ungefähr fünfzehn Meter von ihnen entfernt und werde nicht beachtet, obwohl jeder mich im Blickfeld hat. Das ist eine merkwürdige Situation für mich. Einmal habe ich den Eindruck, dass die Frau, die, wie ich vermute, von ihrem Mann über mich informiert worden ist, zu mir herüberblickt. Ich hebe meinen Arm zum Gruß. Sie grüßt verhalten zurück und wendet sich wieder dem Geschehen um den Hühnerstall zu. Ich fühle mich unwohl und komme nicht umhin, die Situation richtig komisch zu finden. Mir gehen Fragen durch den Kopf wie: Würde ich einer Person, die auf meinem Grundstück zeltet, nicht „Hallo" sagen wollen? Oder lag es an mir, mich dieser Menschenrunde kurz aufzudrängen, um mich vorzustellen? Wieso ist das fünfjährige Kind nicht neugierig, so wie alle Kinder in dem Alter neugierig sind? Es fragt mit keiner Silbe seine Eltern, was ich dort mache, und es zeigt auch keinerlei Verhalten, das erahnen ließe, dass es mich wahrnimmt. Die ganze Situation wirkt auf mich befremdlich.

Ich hätte einen Handstand oder einen doppelten Flickflack machen können – ich schien für alle unsichtbar zu sein. Das ist der Moment, in dem ich diese Menschen – nach dem, was ich gesehen und erlebt habe – in eine Schublade einordne. Ich finde es doof, dass ich das mache, aber ich kann nicht anders.

Sie verfügen über ein riesiges Anwesen, dafür über ein mir fragwürdiges Sozialverhalten. In der ... nein, nicht Doppelgarage, sondern Dreiergarage parken ein Mercedes, ein Jaguar und ein weiteres hochwertiges Fahrzeug, dessen Nennung meine mangelnden Autokenntnisse nicht ermöglichen. Die Eigentümer bewegen sich anscheinend in anderen Gehaltsklassen als ich und werden nicht zuletzt deswegen völlig vorurteilbehaftet in die Snob-Schublade geschoben. Nebenbei beginne ich zu ahnen, was ein Grund für deren Distanz mir gegenüber sein könnte.

Weil sie so sind, wie sie anscheinend sind, muss ich auf sie wie eine Nichtsesshafte wirken. Frisch gerochen habe ich schon lange nicht mehr, und auch meine bunte, schlabberige Haremshose, die ich beim Gehen trage, bekräftigt sie vielleicht zusätzlich in ihrer Vermutung. Das kleine Mädchen ist vielleicht im Haus kurz instruiert worden, mir keine Fragen zu stellen und sich mir nicht zu nähern. Ich könnte Flöhe und Läuse haben – das sei bei Rumtreibern, Landstreichern und Vagabunden so!

Ich nehme die Rolle der Aussätzigen an und freue mich über zwei Gedanken. Erstens: Das wäre den meisten Menschen nicht passiert, dass sie Camper auf dem Grundstück haben und ihnen nicht „Hallo" sagen! Zweitens: Herzerwärmend stelle ich fest, dass meine Töchter, Nichten und Neffen allesamt als Fünfjährige einer derartigen Situation mit der schönen, kindlichen Neugier hätten begegnen dürften. Zwei schöne Gedanken zum Einschlafen!

Aber dieser Schlaf soll unterbrochen werden, und die besagte Unterbrechung ist gefüllt mit Angst! Die gruseligen Gedanken, die ich eingangs erwähnte, schleichen sich in dieser Nacht in meinen Traum. In diesem bin ich eine Polizistin, die sich mit der Aufklärung von Kindermorden und Kindesentführungen beschäftigt. Außerdem geht es um Häuser, die nach einem Besitzerwechsel eine aufwendige Renovierung erfahren sollen. Genau in diesen Häusern vermute ich nun zusätzliches Aufklärungspotenzial für diverse Kindermorde. Es ist, wie in Träumen üblich, alles ein wenig zusammenhanglos, was den Nervenkitzel und die schaurige Stimmung im Traum aber nicht schmälert.
Um ein Uhr in der Nacht werde ich aus diesem Traum wach. Und genau so, wie ich es auch nach Träumen mit anderen Stimmungen von mir kenne, nehme ich die Gemütslage, die ich im Traum hatte, mit in meinen Wachzustand. Somit liege ich nun um ein Uhr nachts in meinem kleinen Zelt auf einer Wiese nahe eines Hühnerstalls, dessen Besitzer versnobte, zwielichtige Mopsliebhaber sind, und habe Angst. Richtige Angst! Und was mein Unbehagen perfekt macht, ist die Tatsache, dass ich dringend „für kleine Mädchen" muss. Ich muss also in dieser Angst mein

einwandiges Zelt, welches ich in dem Augenblick als Schutz und Trost empfinde, verlassen. Bevor ich mich das traue, versuche ich, die Angst aus mir herauszubekommen. Ich gebe mir große Mühe, der Situation ihre Wucht zu nehmen, indem ich der Realität mehr Raum gebe als meinen Gefühlen, die vom Traum beherrscht werden.

Nach wenigen Minuten kann ich zumindest schon das Zelt langsam öffnen und vorsichtig einen Blick hinaus wagen. Das, was ich zu sehen bekomme, ist wunderschön. Zumindest wäre es wunderschön gewesen, wenn ich nicht den spannungsgeladenen Traum gehabt hätte. In Anbetracht meiner gegenwärtigen Gefühle allerdings ist das, was ich sehe, einfach nur gespenstisch: Der Mond scheint hell und Nebel legt sich über das angrenzende Feld. Es fehlt also nur noch der Werwolf.

Aber es hilft nichts, ich muss raus. Der Harndrang lässt sich nicht wegdenken. Fühlen sich Werwölfe vom Duft des Urins angelockt? Ich weiß es nicht und entscheide sicherheitshalber, mein kleines Geschäft nur ein paar Meter vom Zelt entfernt mit viel Atü zu erledigen. Dabei sichere ich mit einem prüfenden Blick meine Umgebung. Das Licht des Mondes macht sie übersichtlich. Wenn nur meine Beklommenheit und meine innere Unruhe nicht wären, dann hätte ich die Schönheit dieser mondlichtdurchfluteten Nacht wahrnehmen können.

Zurück im Zelt finde ich nicht gleich wieder in den Schlaf. Ich arbeite weiter an meinem Vorhaben, die Empfindungen umzukehren. Also erinnere ich mich laufend daran, dass ich lediglich geträumt habe und dass die Realität, in der ich mich gerade befinde, nichts damit zu tun hat. Ich stelle mir vor, wie meine Gemütslage wäre, wenn ich aus einem Traum erwacht wäre, in dem ich gerade als Mime auf einer Bühne gestanden hätte und kurz davor war, den finalen Applaus entgegenzunehmen. Hätte ich mich dann auf dem Weg zum kleinen Geschäft tief verneigt und laut „Danke, danke!" gerufen im Angesicht der imaginären begeisterten Zuschauermenge, die mir mit Beifallssturm gegenüberstand?

Mit dieser Vorstellung beginnt mich meine Situation zu amüsieren. Endlich. Wurde ja auch Zeit! Ich entspanne mich, das Angstgefühl weicht und macht Platz für kreative Gedanken. So ist es mir bald wieder möglich, über mich selbst zu schmunzeln. Bevor ich in den wohlverdienten Schlaf zurückfinde, überlege ich mir noch eine Überschrift für das Kapitel, welches in meinem Buch mit diesem Erlebnis gefüllt sein und mich an meine angsterfüllten Gefühle in dieser eigentlich doch wunderschönen Nacht erinnern wird: „Von Hühnern und ihren Mordabsichten", „Die Tote im Hühnergehege" oder „Mord am Hühnerstall".

Fritzlar und das Museum

„Niemand auf der Welt bekommt so viel dummes Zeug zu hören wie die Bilder in einem Museum."

Edmont de Goncourt (1822–1896),

französischer Schriftsteller

E ine Begegnung, die mir lebhaft und sehr schön in Erinnerung geblieben ist, ergab sich in Fritzlar, einer hessischen Kleinstadt am Nordufer der Eder. Der Name Fritzlar ist eine Ableitung aus dem ursprünglichen Ortsnamen *Friedeslar*, was wiederum mit „Ort des Friedens" übersetzt werden kann. Genauso friedvoll, wie es der Name hergibt, fühlte ich mich durch die zurückliegenden Kilometer an diesem Tag.

Sehr früh, als alle anderen Urlauber des Campingplatzes um mich herum noch im tiefen Schlaf versunken scheinen, packe ich mein Zelt zusammen. Mir gefällt es zunehmend, in der taufrischen Morgenstimmung meine ersten Kilometer zu gehen und mich nach ein oder zwei Stunden mit einem leckeren Frühstück in einem Café oder einer Bäckerei zu belohnen. Diese besagte Frühstücksbelohnung liegt schon ein paar Stunden zurück und ich entscheide mich, im Laufe des Nachmittags im nächsten größeren Ort, den ich passieren werde, etwas zu mir zu nehmen und ein wenig zu ruhen. Laut Karte soll dieser Ort Fritzlar sein.

Sehr einladend erscheint mir der Bleichentorturm, der wie einige andere Bauten das mittelalterliche Stadtbild Fritzlars prägt. Dieser Einladung sind allerdings schon einige Menschen vor mir gefolgt und so sind zahlreiche Plätze auf dem Marktplatz mit seinen einladenden Lokalitäten bereits besetzt. Ich hätte zwar noch einen Einzelplatz für mich finden können, aber der Gedanke, mich in dieses Menschengetümmel zu begeben, behagt mir nicht. Nicht, weil ich verschwitzt wäre, unangenehm röche und Rücksicht üben wollte, sondern weil mir die dichte Nähe zu fremden Menschen unliebsam sein kann. Ich erblicke auf demselben Marktplatz, der mich an meine Abneigung vor Enge erinnert, ein Lokal, vor dem kleine Tische stehen und das, aus welchem Grund auch immer, noch über genügend freie Plätze verfügt. Ich nähere mich diesem – wie ich es deute – Weinlokal mit dem urigen Namen „Weinstiege" und studiere die Karte. Die Preise und das eher begrenzte kulinarische Angebot liefern mir die Erklärung für die freien Plätze. Was soll's! Ich bin erschöpft, brauche etwas Kühles zu trinken und will nicht auf engstem Raum mit mir fremden Menschen pausieren. Also richte ich mich auf einem der Plätze mit schönem Blick auf den Marktplatz ein. Hier kann ich, wenn auch nicht meinen Appetit, aber immerhin meinen Durst in Ruhe stillen.

Die Speisekarte mit den vielen Weinbezeichnungen überfordert mich. Zum einen bin ich definitiv keine Kennerin, was dieses leckere Gesöff angeht, und zum anderen will ich etwas ohne Alkoholgehalt zu mir nehmen. Ich entscheide mich, die Bedienung um Beratung zu bitten. Sie wird wissen, welche Erfrischung einer erschöpften jungen – was natürlich relativ ist – Frau guttut. Die Bedienung, ein Mann, wenige Jahre älter als ich, entpuppt sich gleichzeitig als Inhaber der urigen „Weinstiege". Seine Empfehlung bleibt mir zwar nicht namentlich, aber mit dem frischen Geschmack und der belebenden Wirkung in guter Erinnerung. In verschwitzter, vorfreudiger Erwartung auf den Augenblick, an dem mir das Getränk serviert werden wird, blättere ich die Speisekarte ziellos durch. Auf der letzten Seite schreibt der Inhaber ein paar Sätze zu sich und seinem beruflichen Wandel, was letztendlich zu diesem Weinlokal führte, in dem ich nun sitze.

„Warum ich neu durchstarte? Eine philosophische Frage. Die Antwort würde hier zu lange ausfallen. Fragen Sie mich einfach! Sie erhalten eine Antwort. Ehrlich!" So steht es geschrieben. Ich nehme mir vor, ihn einfach zu fragen, sobald er mir mein erfrischendes Getränk kredenzt. So, wie er mich dazu in der Speisekarte ermuntert hat.

Es folgt eine angeregte Unterhaltung an meinem Tisch. Eine Unterhaltung von der Art, die ich als sehr erfüllend und nährend empfinde, weil sie die überschaubare Oberfläche verlässt, die so manchen in Sicherheit wiegt.

Wein ist schon sehr lange sein Hobby. Trotzdem war er fast zwanzig Jahre Journalist, Verlagsmanager und Verlagsleiter an unterschiedlichen Orten. Er bewegte sich in einer der oberen Gehaltsklassen, jedoch auf der Skala der Zufriedenheit schien ihm noch ausreichend Spielraum nach oben zu sein. Wir unterhalten uns über den sogenannten Sinn des Lebens oder zumindest über das, was wir dafür halten. Ich erzähle ihm von meiner Theorie mit dem imaginären Sterbebett. Dieses würde mir dazu verhelfen, mein Leben überwiegend mit Dingen zu füllen, die mir entsprechen. Und es würde mir dazu verhelfen, Dinge, die vermeintlich von mir erwartet werden, dahingehend zu hinterfragen oder zu prüfen, ob sie wirklich gut für mich sind. Mein imaginäres Sterbebett versetzt mich gedanklich in den Augenblick, in dem ich meinen nahen Tod vor Augen haben werde und einen Rückblick wage. Mein Wunsch ist es, in dem besagten Augenblick möglichst wenige – bestenfalls keine – Sätze mit „Ach, hätte ich doch …" formulieren zu müssen. Ich ahne, dass es nicht immer der einfachste Weg ist, seinem Inneren zu folgen, aber ich glaube, es ist der zufriedenstellendste! Ich habe den Wunsch, mich mehr und mehr für ein Leben zu entscheiden, welches eben erwähnte Satzanfänge auf ein Mindestmaß reduziert. Es fällt mir nicht immer leicht. Ab und zu muss ich mich an meinen Wunsch erinnern. Ich glaube, es lohnt sich.

Es gibt Bücher darüber, wie Menschen, die wirklich den Tod vor Augen hatten – nicht in ihrer Vorstellung, sondern real – über ihr zurückliegendes Leben denken. So ist mir zum Beispiel dieser Rückblick bekannt, der von einem 85-Jährigen stammen soll, der den nahen Tod vor Augen hatte:

„Wenn ich noch einmal zu leben hätte,
dann würde ich mehr Fehler machen;
ich würde versuchen,
nicht so schrecklich perfekt sein zu wollen;
dann würde ich mich mehr entspannen
und vieles nicht mehr so ernst nehmen;
dann wäre ich ausgelassener und verrückter;
ich würde mir nicht mehr
so viele Sorgen machen um mein Aussehen;
dann würde ich mehr reisen,
mehr Berge besteigen,
mehr Flüsse durchschwimmen
und mehr Sonnenuntergänge beobachten;
dann würde ich mehr Eiscreme essen,
dann hätte ich mehr wirkliche Schwierigkeiten
als nur eingebildete;
dann würde ich früher im Frühjahr
und später im Herbst barfuß gehen,

dann würde ich mehr Blumen riechen,
mehr Kinder umarmen
und mehr Menschen sagen, dass ich sie liebe.
Wenn ich noch einmal zu leben hätte,
aber ich habe es nicht …"

Die Erkenntnis, die sich bei manchen alten Menschen ein-
stellt, dass viel zu wenig das eigene Leben gelebt wurde,
die gefühlte Traurigkeit darüber und die Gewissheit über
die unwiederbringlichen Möglichkeiten am Ende ihres Da-
seins, machen etwas mit mir. Ich bin bemüht, mich selbst
zu ermutigen, nicht erst im sogenannten Alter das umzu-
setzen, was sich für mich stimmig anfühlt. Ich versuche,
mir bewusst zu machen, dass ich jeden Tag die Möglichkeit
habe, mich neu zu erfinden. Ich muss es nicht, aber ich
sollte mir darüber klar sein, dass ich es könnte. Nur ich.
Die Palette der neuen Erfindungen kann Beruf, Familien-
stand, Hobbys, Kleidungsstil, Interessen, Frisur, Schwer-
punkte, Gewohnheiten und sämtliche anscheinend zu mir
gehörenden Attribute umfassen. Frei von ängstlichen Ge-
danken wie: Was könnten die anderen denken? Oder: Was
könnte passieren?
Der Inhaber der „Weinstiege" hat auch eine ähnlich bild-
hafte Idee, die ich sehr schön finde. Er stellt sich sein Le-
ben als Museum vor. Ein großer Raum oder auch mehrere
kleine Räume mit hohen Decken, die es zu füllen gilt. Da-
bei spielt es keine Rolle, ob es Bilder, Skulpturen oder Ge-
dichte sind. Das einzig Wichtige daran ist, dass es Dinge

sind, die mit einem selbst etwas zu tun haben. Schon sehr früh habe er das Gefühl gehabt, dass in sein „Museum" ein Weinlokal gehöre. Wenn am Ende des Lebens sein „Museum" kein Bild, keine Skulptur oder kein Gedicht eines Weinlokals erkennen ließe, dann wäre es nicht seins!

Welch wunderbare Vorstellung, welch wunderbare Unterhaltung.

Als ich Fritzlar verlasse, bin ich erfüllt von diesem Gespräch. Ich denke an mein „Museum". Es gibt Ausstellungsräume, die ich anscheinend bereits gefüllt habe mit Dingen, die den dringenden Wunsch in mir weckten, zu meinem Leben dazuzugehören. Dazu zähle ich meine Töchter, durch die mir der Wunsch nach dem Muttersein mit vielen seiner Facetten erfüllt wurde und wird. Eine andere Ecke im „Museum" ist Zeugnis meiner Schreibfreude. Sie lässt erkennen, mit welcher Begeisterung ich Texte verfasse und sie veröffentliche. Der Bereich zeigt die bisher realisierten Bücher und lässt genügend Raum für die Buchprojekte, die bisher in meinem Kopf herumschwirren, aber noch nicht zu druckfrischen Werken umgesetzt wurden. Aufregend finde ich auch die Gedanken an bisher unbesetzte Räume und freie Wände, über die mein „Museum" noch verfügt. So komme ich zum Beispiel zu dem inneren Bild eines Hundes. Ich glaube, irgendwann in diesem Leben werde ich einen Hund haben. Eine konkrete Vorstellung davon, wann und welche Rasse, habe ich noch nicht. Auch weiß ich noch nicht, wie dieser Hund zu mir in mein Leben kommen wird.

Ganz klassisch: Welpe kaufen, Hundeschule und das ganze Paket? Oder steht er irgendwann einfach vor mir und heftet sich an meine Fersen? Auch wenn ein Hund derzeit nicht in meinen Alltag zu passen scheint, ist das Bild davon sehr stimmig. Passend dazu fällt mir ein, dass meine Mutter viele Texte und Bilder aufbewahrt hat, die meine Geschwister und ich als Kinder kreiert haben. Es gibt einen Text, in dem ich als Erst- oder Zweitklässlerin aufschrieb, was ich alles haben möchte, wenn ich groß bin. Auf diesem Zettel ist es bereits – wenn auch noch nicht in ganz korrekter Schreibweise – verewigt: einen Hund!

Die Gedanken tragen mich über viele Kilometer und lassen das Gehen an diesem späten Nachmittag wiedermal zu einem Genuss werden.

Von Neuem bin ich in meiner Annahme bestätigt worden, dass solche Begegnungen, wie ich sie in Fritzlar hatte, und das stundenlange, ungestörte Sinnieren darüber zu den Dingen zählen, die mich bereichern. Sie tun mir gut und lassen diese Reise für mich zu einem ganz besonderen Erlebnis werden.

Ein Erlebnis, von dem ich von dem Nachmittag in Fritzlar an weiß, dass es ein kleines Stück Wand in meinem „Museum" füllen wird.

Kultur

„Wandel und Wechsel liebt, wer lebt."

Richard Wagner (1813–1883),

deutscher Komponist

Ich empfand pure Freude und Genuss, während der stillen Phasen in der für mich fremden Umgebung. Meinen Gedanken wurden keine Grenzen gesetzt. Eine sich so gut anfühlende Erfahrung über so viele Wochen. Aber manches Mal – nicht oft – verspürte ich die Lust nach kulturellem Input. Eine Lesung, ein Konzert, ein Museum – irgendetwas, das mich mit bis dato noch nicht Gesehenem oder nicht Gehörtem fütterte.

Zum ersten Mal entschied ich mich in Gießen für den Besuch eines Museums, nämlich des weltweit ersten mathematischen Mitmachmuseums – dem Mathematikum.

Dass gerade ich freiwillig in ein Gebäude ging, welches sich mit der Mathematik auseinandersetzte, wunderte mich selbst. Das Fach Mathematik in Kombination mit der Lehrkraft, die auserkoren war, mir dieses begreiflich zu machen, sorgte während der Zeit auf der weiterführenden Schule für einen meiner hartnäckigsten Glaubenssätze: „Ich kann kein Mathe!" Heute ahne ich, dass ich zu weit mehr mathematischen Denkprozessen in der Lage gewesen wäre, wenn die sogenannten Umstände gestimmt hätten. Sprich: andere Lehrkraft, anderes Lernklima und mehr visuelle Unterstützung. Auch heute noch beobachte ich mich, wie ich Zahlen, mit denen ich, aus welchem Grund auch immer, jonglieren muss, bevorzugt einmal irgendwo zu Papier bringe, damit sie für mich sichtbar werden. Das hilft mir unwahrscheinlich.

Wegen eben erwähnter schulischer Vergangenheit müsste mich der Besuch dieses Museums eigentlich abstoßen. Aber ich fühlte mich von der zurückliegenden Woche mental in einem Maße gekräftigt, dass mich nichts und niemand hätte abhalten können, mich dieser Herausforderung zu stellen. Neugier und die Lust auf Grenzerfahrung ließen mich in diese „Höhle des Löwen" gehen.

Als ich innerhalb Gießens per Bus auf dem Weg zu diesem Museum war, musste ich an die Schülerin Inge denken. Wie blockiert war ich doch in den letzten Jahren meiner Schulzeit. Vieles von dem, was die Lehrkräfte erzählten, drang nicht zu mir durch. Ich war nicht interessiert an den Dingen, an denen Heranwachsende laut Lehrplan Interesse haben sollten. Das Periodensystem in Chemie zum Beispiel. Was für ein irrsinniger Quälkram, sich mit wirren Buchstaben- und Zahlenkombinationen auseinandersetzen zu sollen, von denen man nicht einmal im Kern einen Bezug zum eigenen Leben erkannte. Zudem war mein Selbstwertgefühl zur Schulzeit unterirdisch. Den nicht vorhandenen Selbstwert machte ich allerdings mit meiner Leichtlebigkeit und einem sonnigen Gemüt wett. Phasenweise dienten sie auch als Instrument, das schlechte Selbstbild und die damit verbundenen depressiven Stimmungen zu überspielen. Zumindest würde ich es heute so benennen. Damals war es mir nicht bewusst.

Meine innere Not blieb somit den meisten verborgen. Auch meinen Lehrkräften. Für die meisten von ihnen war ich dann eben ab einem gewissen Punkt überfordert, desinteressiert und einsatzlos. Man empfahl den Übergang zu einer Schule mit weniger hohen Anforderungen. Dass dies anders kam, war auch einer damaligen Grundschullehrerin zu verdanken. In der besagten Phase nämlich gab es eine Begegnung zwischen ihr und meiner Mutter. „Was? Inge auf die Hauptschule? Inge ist keine Hauptschülerin!", war die Überzeugung der Lehrerin, die mich in den ersten Schuljahren kennengelernt hatte. Das veranlasste meine Mutter, entgegen der Lehrkraft-Empfehlung aus der weiterführenden Schule, mich vorerst ein Jahr wiederholen zu lassen.

Während der Bus mich durch Gießens Straßen fuhr, spürte

ich so was wie Wut in mir aufsteigen. Wut auf einige Lehrkräfte, die mit wenigen Sätzen sehr zu meinem lieblosen Selbstbild in der Jugendzeit beigetragen haben.

„Du bist so ätzend!", hatte eine Lehrerin gesagt, nachdem ich ihren Unterricht störte. Eine andere äußerte in einem sehr abfälligen Ton: „An deiner Stelle täte ich mir leid!" Es war eine Lehrerin, die ihren Unterricht oft als Bühne nutzte, um sich witzelnd und gut gelaunt zu präsentieren. Zumindest ist es meine heutige Sicht auf sie. In einem ihrer Comedy-Momente fragte sie mich: „Mein Unterricht macht Spaß, nicht wahr?" Sie fragte nicht so, wie man fragt, wenn einen eine ernst gemeinte Rückmeldung interessiert. Sie fragte so, wie man fragt, wenn man einfach nur Bestätigung braucht.

„Nö, mir nicht so!", lautete meine zugegeben patzige aber auch ehrliche Antwort. Das ließ augenblicklich die Stimmung der Lehrerin kippen. Ich brachte in dem Moment ihr Bühnenprogramm durcheinander und hielt mich mit meiner Antwort nicht ans Drehbuch. Wenige Minuten später klingelte es zur Pause. Alle durften den Klassenraum verlassen, nur ich sollte bleiben, weil sie mir noch „etwas zu sagen" hätte. Unter vier Augen ließ sie dann ihren Frust an mir aus. Mit Worten und Sätzen. Sätze, die mich sehr trafen, verletzten und verunsicherten. Ich verließ, als sie fertig war, weinend das Klassenzimmer und empfand Ungerechtigkeit, Ausgeliefertsein und Hilflosigkeit.

Im jugendlichen Alter war ich nicht in der Lage, in eben

genannten Sätzen den Frust oder die Unfähigkeit der Lehrkräfte zu erkennen. Heute würde ich ihnen vielleicht den Spiegel vorhalten: „Was um alles in der Welt frustriert Sie so sehr, dass Sie einen anderen Menschen Ihre hässlichen Sätze aushalten lassen, mit denen Sie in Wahrheit nur sich selbst meinen?"

Ich bin heute zutiefst überzeugt davon, dass alles Schlechte, was ich gegen andere Menschen richte, mit eigenen, inneren, unverarbeiteten Ängsten oder Schmerzen zu tun hat. Jedes Mal, wenn ich meinen Zeigefinger auf jemanden richte, zeigen mindestens drei Finger auf mich selbst. Das sollte ich mir bewusst machen.

Heute glaube ich, dass meine Art, das Leben eher leicht als schwer zu nehmen, mir auch dabei half, die sinnentleerte Zeitverschwendung vieler Unterrichtsstunden der letzten Schuljahre zu überstehen.

Bei diesem Gedanken angekommen, stoppte der Bus an der Station, von der aus ich mein Ziel, das Mathematikum, gut zu Fuß erreichen konnte.

Ich stieg aus und ließ die Schülerin Inge, die glaubte, Mathe nicht zu können, genüsslich weiterfahren, denn ihr Interesse an diesem Museum war definitiv nicht vorhanden. Fast musste ich schmunzeln über diese Symbolik, denn sie ist stimmig mit meinem derzeitigen Gefühl, dass die Jetztzeit-Inge und die Schülerin Inge von damals weitgehend friedvoll versöhnt sind. Außerdem sah ich die Schülerin Inge in diesem Bus in bester Begleitung. Denn ich ließ auch meine Lieblingsfreundin weiterfahren. Sie durchlebte sehr Ähnliches und ich hatte sie in diesen Momenten, als ich gedanklich den schmerzlichen Rückblick in die Schulzeit wagte, nah bei mir. Sie beide wollen und müssen nicht mit ins Mathemuseum!

Ich habe das Eintrittsgeld gerade erst bezahlt, und die ersten positiven Eindrücke des Mitmachmuseums haben mich noch gar nicht erreichen können, da werde ich bereits mit einer großen Lebenslüge konfrontiert.

Ich bin amüsiert und kenne mindestens zwei liebe Menschen – ich glaube, sie sitzen in diesem Augenblick in einem Bus irgendwo in Gießen –, die mit Freuden den Satz durch das Wort „nicht" erweitert hätten.
Die Stunden in dem Mathematikum bringen genau das,

worauf ich mich so wagemutig einlassen wollte: Grenzer-
fahrung! Auch wenn mich die Machart der über drei Eta-
gen zum Anfassen, Tüfteln und Ausprobieren einladenden
Stationen mit Mathematikhintergrund wirklich beein-
druckt, so kann ich nicht leugnen, dass ich bei fast allen
dieser interaktiven Angebote nicht allein auf die Lösungen
gekommen bin. Im wahrsten Sinne des Wortes erlebe ich
dort eine Grenzerfahrung. Meine pränumerischen Fähig-
keiten rufen mir manchmal nach minutenlangem Tüfteln
an einer Aufgabe zu: „Du hast dein Maximum bereits vor
sieben Minuten erreicht. Lass gut sein!"
Selbstmotivierend stelle ich die These auf, dass sich Krea-
tivität und logisches Denken ausschließen – da kann man
nichts machen. Dann lasse ich mich furchtlos und risikobe-
reit auf die nächste Station ein. Dort wiederholt sich das
eben erwähnte Prozedere. Eine Endlosschleife!
Als Wellness in diesen Räumlichkeiten entpuppt sich die
Sonderausstellung „Wege". Eine willkommene Abwechs-
lung für mich nach den mathematischen Höchstleistungen,
die ich glaube, vollbracht zu haben. Außerdem passt der
Titel, wie ich finde, wunderbar zu meinem Nach-Hause-
Gehen. Diese Präsentation von Gedanken, die einem zum
Thema „Wege" kommen können, ist eine bereichernde Er-
fahrung – zum Glück fernab von Grenzerfahrungen!
Sie macht mir bewusst, wie eingeschränkt und überschau-
bar das eigene Denken sein kann, wenn man mit einer ein-
zigen Überschrift konfrontiert wird. In diesem Fall ist die
Überschrift „Wege". Mir persönlich fällt in dem Moment

natürlich mein Weg ein, den ich bisher im Rahmen meines Nach-Hause-Gehens gegangen bin, und auch die „große Unbekannte", nämlich der Weg, der noch vor mir liegt.

Je nach zurückliegenden Erlebnissen, aktueller Situation oder gesteckten Zielen hat wohl jeder Mensch seine ganz eigenen Gedanken bei dem Wort „Wege".

An einem anderen Tag ging ich einer Empfehlung nach, die mir auf meinem Nach-Hause-Weg ausgesprochen wurde. Es war Dieter, das Herrchen von Jowis! Er sprach in hohen Tönen von der „Grimmwelt" in Kassel. Dabei handelt es sich um eine Ausstellung, die das Leben und Wirken der Brüder Grimm in eigens dafür gebauten Räumlichkeiten für Kinder und Erwachsene zugänglich macht. Erst 2014 wurde das Richtfest gefeiert. Ein ganz frisches Museum also.

Die Vermittlung von Sprache und Literatur steht weit oben auf der Anspruchsliste der Ausstellung. Denn was auch bei mir immer wieder gern in den Hintergrund rückt, ist die

Tatsache, dass die Brüder Grimm nicht nur mitreißende Märchenerzähler waren und somit quasi das Sorgerecht für Rotkäppchen hatten, sondern dass die kreativen Wortliebhaber Wilhelm und Jacob als Sprachwissenschaftler das Deutsche Wörterbuch auf den Weg brachten. Von daher stellte ich bei mir Interesse und Neugier fest, dieses Museum zu besuchen.

Der 16. Tag meines Weges war der, an dem ich mich ohne Rucksack in Kassel aufhielt. Mein erstes Ziel nach dem Frühstück in der Jugendherberge sollte der Kauf einer Tageskarte für den öffentlichen Nahverkehr sein. Wer könnte mir schneller zu diesem Ziel verhelfen als ein Busfahrer oder eine Busfahrerin? Dachte ich! Mich in die Menge der Fahrgäste einreihend, sagte ich – als ich an der Reihe war – zum Busfahrer: „Guten Morgen. Ich hätte gern eine Tageskarte!" Zugegeben, mir fiel auf, dass keiner der anderen Fahrgäste vor mir auch nur irgendetwas vom Busfahrer verlangt hatte. Ich erklärte mir das damit, dass sie alle „von hier" waren, ihre Monatskarten schon längst bezahlt und in ihren Portemonnaies verstaut hatten. Faktisch stellte sich meine Beobachtung aber als Resultat des Zeitgeistes dar, der an einem vorbeigeht, wenn man vom Dorf kommt und auf Bus und Bahn nicht angewiesen ist. Der Busfahrer schaute mich in einer Art an, wie man jemanden anschaut, von dem man das Gefühl hat, er kommt direkt aus der Steinzeit. „Da hinten ist der Automat", erwiderte er und zeigte sicherheitshalber darauf. Wahrscheinlich für den

Fall, dass ich in meinem Leben noch keinen Automaten gesehen hätte. Ich tat gar nicht erst so, als wenn ich Bescheid wüsste. Als junger Mensch wäre mir die Situation höchst peinlich gewesen. Ich wäre rot angelaufen und hätte beschämt Abstand von meinem Vorhaben nehmen wollen. Heute zum Glück stehe ich derartigen Situationen anders gegenüber. Ich werde zwar immer noch manchmal rot, aber mein Gefühl dabei ist ein anderes. Ich muss das nicht wissen! Aufgrund der Tatsache, dass ich derart ländlich groß geworden bin und auch immer noch so lebe, konnte selbstredend keine Routine im Umgang mit dem Bus- und Bahnverkehr entstehen. Dafür wissen Dorfkinder, dass man keinen Feldhasen auf freier Flur einfangen kann. Dieses Wissen bleibt wiederum manchem Stadtkind verborgen. Und weil ich mich über einen Hasen jagenden Stadtmenschen köstlich amüsieren kann, darf man auch über mich schmunzeln, wenn ich heute noch glaube, dass Busfahrer in großen Städten Fahrkarten aushändigen.

Am Fahrkartenautomaten, auf den der Busfahrer mich irritiert, aber höflich hingewiesen hatte, ging ich sofort mit einer automatenerfahrenen Person ins Gespräch. Ich bevorzugte die kommunikative Variante mehr als die autodidaktische.

In Berlin an einem S-Bahn-Bahnsteig führte das einmal zu folgendem Dialog:

Er: „Gegenüber ist noch ein Automat, sie müssen nicht warten!"

Ich: „Ich stehe hier nicht zufällig. Ich schaue Ihnen zu, wie

Sie Ihre Fahrkarte ziehen, und wenn Sie fertig sind, werde ich Sie bitten, so lange hier bei mir zu bleiben, bis auch ich meine Fahrkarte in der Hand habe!"

Zurück zum Fahrkartenautomaten, zur automatenerfahrenen Person, zu mir und zur Stadt Kassel. Wenige Augenblicke später war ich im Besitz meiner gewünschten Tageskarte und somit dem Besuch der Grimmwelt ein Stück näher. Ich schmunzelte, weil bereits das Erlangen der Fahrkarte für sogenannte Dorfkinder eine echte Herausforderung sein kann.

Neben dem Amüsement machte sich aber auch Bestätigung in mir breit. Bestätigung, dass ich meine gesteckten Ziele erreiche. Natürlich mag es lächerlich erscheinen, wenn der Erwerb einer einzelnen Fahrkarte das gesteckte Ziel ist. Aus meiner Sicht war diese Situation aber auf viele andere übertragbar: Wer sich nicht durch Unsicherheiten ausbremsen lässt, wer dem Perfektionismus ade sagt und sich bewusst macht, was er kann und weiß, und zudem noch liebevoll anerkennt, dass er nicht alles können und wissen muss, dem wohnen meines Erachtens sehr gute Voraussetzungen inne, um gesteckte Ziele zu erreichen.

Mein nächstes Kurzstreckenziel – wenn ich schon vom Erreichen meiner Ziele schreibe – sollte also die Grimmwelt sein.

Schon auf dem Weg dorthin male ich mir ein lebendiges, fast märchenhaftes Museum aus. Ich wünsche, erhoffe und erwarte ein solches. Ein Museum, welches mich in die Zauberwelt von Rotkäppchen, vom Froschkönig, vom Wolf und den sieben Geißlein, von Rapunzel, Frau Holle und Hänsel und Gretel entführt. Meine Erwartung macht deutlich, was ich persönlich in erster Linie und von jeher mit den Brüdern Grimm verbinde. Umso enttäuschter bin ich, als ich das große, kantige, durchaus für meinen Geschmack ansprechende Gebäude der Grimmwelt betrete. Im Inneren eröffnet sich mir vorerst ein helles, großes, hallenartiges Foyer. Aber mit dem Betreten der eigentlichen Ausstellung werden mir weitgehend dunkle, hohe, verzweigte, futuristisch wirkende Räume geboten. So zumindest ist meine Wahrnehmung imstande, sie zu empfinden. Aller Illusionen beraubt, versuche ich, in diesen Räumlichkeiten ein Wohlgefühl zu entwickeln. Vergebens! Meine ersehnte Märchenwelt hat mit großen Teilen dieser Ausstellung nichts gemeinsam. So kommt es, dass dieser kulturelle Ausflug mit wenigen schönen Erinnerungen für mich verbunden bleibt. Aber alles Schlechte hat bekanntlich etwas Gutes! Und so stelle ich fest: Wenn auch die Ausstellung für mich persönlich nicht ansprechend ist, so verfüge ich zumindest an diesem Tag über einen fast schon routinierten Umgang mit Busfahrkarten! Ist das nichts?

Ein weiteres kulturelles Highlight verbinde ich mit Hitzacker. Hitzacker, eine kleine schnuckelige Stadt an der Elbe, erreichte ich nach nervigen Kilometern am Deich. Nervig erschien es mir an diesem Morgen, weil ich mich durch die grüne Deichwand, die sich entweder rechts oder links von mir erhob, in meiner Sicht eingeschränkt fühlte. Das war der Grund, weshalb ich, so oft es ging, auf der Deichkrone spazierte. Nicht immer war das möglich, da manche Abschnitte für Schafe vorgesehen waren, die das Gras kurzhalten sollten. Deswegen war ich froh, als ich an diesem Vormittag Hitzacker erreichte. Und es war so, als wenn diese Stadt um meine zurückliegende, als lästig empfundene Wegstrecke wüsste. Denn von ihr fühlte ich mich beschenkt, und mein negatives Gefühl verkehrte sich im Nu in ein positives.

In dem von mir gewählten Café, in dem ich mein Frühstück einnehme, gesellt sich ein Herr zu mir an den Tisch. Offensichtlich lädt dieser Platz, an dem sich die warme Vormittagssonne herrlich genießen lässt, nicht nur mich ein. In diesen zufriedenen, ausgelassenen Moment hinein ruft mein Lieblingsmann an. Es ist schön, seine Stimme zu hören, und ich nehme mir gern Zeit für das Gespräch mit ihm. Wir plaudern über seinen Unterricht, den er als pensionierter Lehrer für Geflüchtete ehrenamtlich in einer Volkshochschule hält. Ich wertschätze ihn für sein Engagement. Nicht erstmalig, sondern immer wieder. Am liebsten hätte ich ihn durch das Telefon zu mir geholt. So sehr mischt sich in diesem Augenblick die Wertschätzung mit sehnsüchtigen Gefühlen und lieben Gedanken. Er tut mir gut und unser Miteinander sorgt bei mir für das, was sonst Rückenwind und Dextroenergen nur zusammen schaffen.

Ich erzähle ihm von den „Sommerlichen Musiktagen", die,

sehr zu meiner Begeisterung, gerade in Hitzacker stattfinden. Entgegen meines Wunschdenkens, dass diese Musiktage erstmalig und exklusiv stattfinden, und das genau an dem Wochenende, an dem ich mich auf der Durchreise befinde – welch wunderbare Fügung –, sind es bereits die 71. Sommerlichen Musiktage. Das ist meinem Lieblingsmann als Musikliebhaber und Kulturinteressiertem natürlich bekannt – nur ich hatte davon noch nichts gehört.

Nach dem Telefonat fragt mich der Herr, der sich zuvor an meinen Tisch gesellt hatte: „Wanderschaft? Lehrerin?" Er hatte zwangsläufig einige der Gesprächsfetzen vom Telefonat mitbekommen. Es beginnt eine sehr angenehme und lebhafte Unterhaltung.

Nach und nach füllt sich unser Tisch mit immer mehr Menschen, die offensichtlich alle dem Bekanntenkreis des Mannes neben mir angehören. Auch wenn es dadurch geselliger wird, so erfährt die vorangegangene Unterhaltung doch einen Bruch. Schade. Sie alle treffen sich nicht zufällig in diesem Café. Denn wie das Programmheft der Sommerlichen Musiktage verrät, soll hier wenig später Klavier- und Oboenmusik zu hören und zu sehen sein. Auch ich höre und sehe dem jungen Duo zu, obwohl die Fülle des Cafés inzwischen an der Grenze des für mich erträglichen ist. Ich kann zu diesem Zeitpunkt noch nicht ahnen, dass mir das schönste musikalische Erlebnis noch bevorsteht und dass es mich in einer dafür völlig untypischen Räumlichkeit einholen wird.

Einige Stunden und Streifzüge durch Hitzackers Gassen

später mache ich mich auf den Weg zu der Jugendherberge im Ort. Da sie sehr weit außer- und vor allem oberhalb liegt, will ich den verbleibenden Nachmittag und Abend dort verbringen. Ich möchte duschen, meine Beine rasieren, in meinem Bett Zeitung lesen und mich einfach nur ausruhen.

Als ich wenig später wie geplant mit der Zeitung bei weit geöffnetem Fenster im Bett liege, vernehme ich einen Chor. Einen Chor mit unbeschreiblich schönen Stimmen, der irgendwo in der Jugendherberge probt. Und ich darf mithören. Es ist eine Freude. Sie singen überwiegend die wunderschönen Lieder aus dem Film „Die Kinder des Monsieur Mathieu". Zu schön! Sage und schreibe über zwei Stunden ist mir dieser Genuss vergönnt. Am frühen Abend habe ich keine Motivation mehr, mein Zimmer zu verlassen, um in Erfahrung zu bringen, wer mich mit dieser musikalischen Einlage derart beschenkt hat. Ich spreche stattdessen am nächsten Morgen nach dem Frühstück mit zwei Frauen aus dem Chor. Die Mitglieder der Gesangsgruppe kommen überwiegend aus dem Wendland und treffen sich einmal im Jahr in dieser Jugendherberge zum gemeinsamen Singen. Ich bedanke mich bei ihnen und mache kein Geheimnis aus meiner Begeisterung. Damit löse ich im Nachhinein Freude bei den Damen aus, weil sie keine Ahnung hatten, wie sehr ihr Gesang genossen wurde.

Hätte mir am Sonnenplatz des überfüllten Cafés jemand gesagt, dass ein so schönes musikalisches Highlight in der Jugendherberge am offenen Fenster auf mich warten würde, hätte ich das nur schwer glauben können.

Begeisterung hinterließ auch ein anderes kulturelles Angebot, welches ich miterlebte. Auch dieses sollte in sehr schöner Erinnerung bleiben:
    Ich erreiche am 31. Tag meines Nach-Hause-Gehens die Stadt Mölln. Durch einen zurückliegenden Fahrradurlaub mit meiner Freundin und unseren Töchtern ist mir die Stadt nicht fremd. Aber sie alleine, zu Fuß und mit Rucksack zu passieren, scheint mir ein ganz eigenes Erlebnis zu sein. Die Gegebenheiten unterscheiden sich in einem so enormen Maß vom Fahrradurlaub, dass ich kaum ein Gefühl von Wiederholung habe. Ich nehme ganz andere Dinge wahr, und mein persönlicher Gestaltungsspielraum erscheint unbegrenzt.
Ich verweile lange an der St. Nikolaikirche, in deren unmittelbarer Nähe sich der Brunnen mit der Eulenspiegel-Skulptur befindet.

Eine Reisegruppe aus der Schweiz bricht gerade auf, nachdem sie, einem Brauch nach, die Daumen und Fußspitzen des Till Eulenspiegel berührt hat. Das soll Glück bringen! Und wer möchte nicht mit so wenig Aufwand ein wenig Glück für sich einfordern?

Mir kommt der Gedanke, wie schön es für Till sein müsste, endlich mal ordentliches Schuhzeug zu tragen. Zum Ausleihen bereit, darf Till Eulenspiegel für eine Zeit meine Wanderschuhe tragen. Er kann sich mir zwar nicht mitteilen, aber ich gehe davon aus, dass dies ein besonderer Moment für Till sein muss.

„Schöne Idee! Bringt das Glück?", ruft mir ein Herr aus der Reisegruppe in seinem urigen Schwyzerdütsch zu.

„Davon geh ich erstmal aus!", erwidere ich in einer entspannten, gut gelaunten Weise, die mir im Laufe meines Weges so oft vergönnt war. Mein Blick fällt während meines Ausruhens auf ein Plakat, welches für den Abend ein Konzert in der St. Nikolaikirche ankündigt. Zum Abschluss der Möllner Sommermusiken 2016 spielt die Kammerphilharmonie Köln. Das spricht mich an und ich entscheide, mich aufzumachen, um mein Zimmer in der Jugendherberge zu beziehen und mich nach meinen Möglichkeiten für das Abendkonzert frisch zu machen. Dafür will ich mein „Ausgeh-T-Shirt" anziehen. Ich nenne es so, obwohl auch dieses Kleidungsstück bei Weitem nicht mehr die Frische und Sauberkeit besitzt, die für einen Konzertbesuch angemessen gewesen wäre. Aber es gibt nur zwei T-Shirts: Zum einen das, welches ich fast immer beim Gehen trage. Es ist in der Regel verschwitzt und stinkt nach Schweiß. Mal nach frischem und mal nach getrocknetem Schweiß. Zum anderen gibt es dann noch das besagte Ausgeh-T-Shirt, welches ich etwas schone. Bei kulturellen Anlässen, wie in diesem Fall einem Konzertbesuch, verleiht es mir ein im Ansatz sauberes Gefühl.

Auch wenn ich den Dresscode einer Kirche mit meiner rotbunten Haremshose und dem grünen T-Shirt mit der Aufschrift „Today is the day" nicht erfülle, so scheint sich auch niemand seines Genusses beraubt zu fühlen, weil ich in diesem Aufzug ein Konzert in einem sogenannten Gotteshaus besuche.

Die klassische Musik und die Spielfreude der Musikerinnen und Musiker sind ein schönes Erlebnis. Auch wenn man, also ich, eigentlich gar nichts von klassischer Musik versteht. In vielen Fällen weiß ich nicht einmal, wie das Instrument heißt, welches gerade die Kirche mit unsagbar schönen Klängen füllt und ich kenne auch nicht die Titel der gespielten Melodien. Manchmal nehme ich wahr, wie andere Besucher sich applaudierend zunicken, als wenn sie damit sagen wollen, wie professionell das Stück gespielt wurde. Dabei entsteht nicht selten dieser beipflichtende Gesichtsausdruck, bei dem die Unterlippe leicht nach vorne geht, während die Mundwinkel sich nach unten biegen und die Augenbrauen sich heben. Eine Mischung aus Zustimmung und Bewunderung. Ich weiß, dass ich kaum in der Lage wäre, richtige Töne von falschen zu unterscheiden. Mein Erleben aber bestätigt meine Ahnung: Um pure Freude und Genuss zu empfinden, müssen keine Fachkenntnisse vorhanden sein.

Meine – ich nenne sie mal – kulturellen Ausflüge während meiner überwiegend stillen Zeit des Nach-Hause-Gehens waren besondere Erlebnisse. Sie wurden von mir als willkommene, bewusst ausgesuchte Abwechslungen erlebt und nicht als Termine, die sich aneinanderreihten und ein Gefühl von Hast und Hektik erzeugten. In dieser Zeit waren die Konzert- und Museumsbesuche in eine anscheinend endlos zur Verfügung stehende Zeit eingebettet. Es blieb Raum für Vorfreude, ausgeruhten Genuss und hetzfreies Nachsinnen.

Welch ein Geschenk!

Regelsätze

Liebes Carefree-Team,

mit diesem Schreiben erreicht Sie eine Beschwerde. Sie werben auf Ihrer Homepage und auf jeder Verpackung, die Ihr Haus verlässt und in den Handelsregalen unterschiedlicher Drogeriemärkte landet, damit, dass Ihre Slipeinlage flexiform über sicheren, ja sogar perfekten Halt verfügt. Das mag zutreffen, solange die Dame – mit eben erwähnten Produkt verbunden – sich sitzend, stehend oder minimal bewegend bei Zimmertemperatur aufhält. Ich bin mir nicht sicher, ob Ihr Produktentwicklungsteam darüber informiert ist, was unter anderen Gegebenheiten mit der besagten Slipeinlage passiert?

Meine Erfahrung, auf die ich wahrlich gern verzichtet hätte, hat gezeigt, dass Ihre Carefree flexiform durchaus über ein Eigenleben verfügt. Nämlich dann, wenn man, also Frau, sich bei sommerlichen Temperaturen in der kühl-gemäßigten Klimazone forschen Schrittes bewegt. Für die Schweißbildung, die besagtes Eigenleben der Slipeinlage anscheinend fördert, bedarf es nicht der subtropischen oder tropischen Zone – es bedarf manchmal nur eines schweren Rucksacks. Das erwähnte, ausdrücklich nicht gewünschte Eigenleben hat mit sicherem Halt und perfekter Passform nicht viel zu tun. Auch weisen Sie in keiner Form auf einen derartigen selbstständigen Charakterzug Ihrer Slipeinlage hin.

Wenn sich das Produkt mit jedem Schritt eigenmächtig auf den Weg in eine andere, für sie nicht vorgesehene Position arbeitet, dann kann es schon mal sein, dass Frau nicht mehr ganz so carefree ihrer Wege geht!

Ich übertreibe nicht, wenn ich erzähle, dass sich Ihre durch sicheren Halt ausgezeichnete, flexigeformte Slipeinlage aus ihrer Position löste und binnen kurzer Zeit – ihre Längsrichtung längst verlassend – quer an meinem Gesäß klebte. Auch dort war ihr Halt nicht sicher und das Ziel offensichtlich nicht erreicht. Sie strebte nach Höherem!

Da ich bereits das von Zivilisation erschlossene Umland Göttingens erreicht hatte, war es mir nicht möglich, an Ort und Stelle meine Hose hinunterzulassen, um das Stück mit Ihrer dermatologisch getesteten Soft-Touch-Oberfläche zurück an die vorgesehene Position zu bringen. Ich musste warten, bis sich eine Gelegenheit bot, die sich mit meinen und den mitteleuropäischen Moral- und Wertvorstellungen vereinbaren ließ. Bis dahin fasste ich mir immer wieder unsicher und heimlich ans Gesäß, um sicherzugehen, dass Ihre Slipeinlage flexiform meine Hose noch nicht teilweise verlassen hatte. Nichts war sicher und perfekt! Mein Gang übrigens auch nicht mehr. Dieser veränderte sich inzwischen dahingehend, dass ich anfangs durch eine gewisse, unauffällige Schlenkerbewegung des linken Beins versuchte, der Wanderbinde Einhalt zu gebieten. Später wurde mein Gang irgendwie stelzenhaft, weil ich so wenig wie möglich Bewegung oder Reibung erzeugen wollte. Außerdem machte ich inzwischen viel kleinere Schritte, was mich wiederum im Erreichen meiner erlösenden Gelegenheit, von der ich noch nicht wusste, wie sie geartet sein würde, zurückwarf!

Erkennen Sie meine Not?

Und nun kommen Sie und werben mit dem Namen Carefree, was übersetzt „sorglos" heißt. Erkennen Sie die Absurdität?

Mit freundlichen Grüßen

Inge Schlüter

PS: Ich erreichte einen rettenden Friseursalon mit Gäste-WC, kurz bevor sich aus meinem Gehverhalten bleibende Folgeschäden entwickelten.

Die Last des Gutgemeinten

„Wer einsam ist, der hat es gut,
weil niemand da, der ihm was tut.
Ihn stört in seinem Lustrevier
kein Tier, kein Mensch und kein Klavier.
Und keiner gibt ihm weise Lehren,
die gut gemeint, doch bös zu hören."

Wilhelm Busch (1832–1908),
deutscher Dichter

Im Laufe der Wochen zwischen Koblenz und Strenglin kam es oft vor, dass ich Beobachtungen machte oder Begegnungen hatte, durch die Gedanken freigesetzt wurden, die mich über einen längeren Zeitraum begleiteten. Das Gehen ermöglicht es: das ununterbrochene Gedankenmachen. Gedanken entstehen und können sich auf weite Kilometer über den ganzen Tag frei entfalten und weiterentwickeln. Kein Gedanke, der ausgebremst wird von Fragen wie „Wann gibt es Essen?" oder einem gehetzten „Wir müssen los!". Derartige Beispielsätze können den Alltag von Eltern heranwachsender Kinder über viele Jahre wesentlich mitbestimmen. Das ist zumindest meine Erfahrung.

So ist es zum Beispiel dieser Baum, den ich beim Gehen im Wendland entdecke. Er bringt einen spontanen

Gedanken zum Vorschein, den ich über viele Kilometer mit mir trage. Genau wie es diesem Baum ging, scheint es manchen Menschen zu gehen: Sie brechen unter der Last des Gutgemeinten zusammen. Beim Baum sind es die vielen knackigen Äpfel, die das Gutgemeinte symbolisieren. Unter der Last brechen selbst starke Äste zusam-

men. Es sind einfach zu viele. Dieser spontane Gedanke, „Die Last des Gutgemeinten", begleitet mich viele Kilometer und lässt mich darüber nachdenken, inwieweit ich als Mutter, Schwester, Tochter oder Freundin mit gut gemeinten Ratschlägen, Hinweisen oder Verhaltensweisen eher lästig als hilfreich war oder bin. Was sind meine „Äpfel", die ich zuhauf jemandem aufbürde? Und was sind meine „Äpfel", die ich angehängt bekomme?

Aus meiner Wahrnehmung heraus bin ich in meiner Rolle

als Mutter am lästigsten. Ich kann da nichts für – wie wohl fast alle Mütter –, ich bin halt Mutter! Und Mütter scheinen einem andauernden Kümmerdrang oder gar -zwang zu unterliegen.

Was für Säuglinge das Überleben sichert und für kleine Kinder hilfreich ist, kann sich im Laufe der Jahre zu einem überflüssigen Übel entwickeln. Viele Heranwachsende und junge Erwachsene müssen sich aus sogenannter Bemutterung förmlich freischaufeln. Ab einem gewissen Alter ist bereits der Ratschlag „Zieh besser die dicke Jacke an, es ist kälter als gestern!" ein Apfel zu viel. Jahrelang erscheint dieser gut gemeinte Hinweis wichtig, damit das Kind beim Spielen im Schnee nicht auskühlt, sich erkältet oder gar erfriert. Aber irgendwann helfen wir nicht mehr mit Ratschlägen, sondern durch Loslassen und durch das Vertrauen darauf, dass der Heranwachsende schon merken wird, wann ihm kalt wird. Und wenn es ihm erst nach einer satten Erkältung klar wird, dann ist das eine der besten Lernmethoden. Frei nach einem Gedanken von Stanislaw Jerzy Lec, einem längst verstorbenen polnischen Lyriker:

„Vieles hätte ich verstanden, wenn man es
mir nicht erklärt hätte."

Während mich der Gedanke „Die Last des Gutgemeinten" für einige Zeit im Wendland begleitet, gestehe ich mir ein, dass ich diesbezüglich noch lange nicht da bin, wo ich hinwill. Besonders aus der Perspektive der Mutter. Denn selbst wenn ich vermeintlich „klugscheiße" mit meinen Sätzen zu Vertrauen und Loslassen, so gelingt mir die praktische Umsetzung dieser theoretischen Ideale auch nicht immer. Es treten beständig Ängste und Sorgen auf. Und dann sind sie da – die scheinbar weltrettenden Erfahrungen von uns Erwachsenen. Manchmal sind es auch nicht die sogenannten Erfahrungen, sondern vielmehr die Vorstellungen, die wir vom weiteren Leben unserer Kinder haben.

Mit dem Schatz – oder eher Gift? – der Erfahrungen und Vorstellungen neige auch ich manchmal dazu, meine Töchter in eine gewisse Richtung stupsen zu wollen. Übertrieben oder negativ ausgedrückt, kann ich auch von Manipulation sprechen. Dabei weiß ich theoretisch, dass sich bei ihnen keine eigenen Erfahrungen ansammeln können, wenn ich allzu sehr versucht bin, ihnen aufgrund meiner die eigenen ersparen zu wollen. Auch werden sie nicht zu *ihrem* Leben finden können, wenn sich unaufhaltsam meine Vorstellungen wie hütende Schäferhunde um sie herum bewegen. Die praktische Umsetzung des Erfahrungen-machen-Lassens scheint mir bisweilen ein besonderer Kraftakt zu sein, der mich hin und wieder schlaflose Nächte und auch sorgenvolle Tränen gekostet hat.

Rückblickend muss ich als Mutter manchmal einfach nur aushalten. Zum Beispiel aushalten, dass das Kind sich in einen jungen Menschen verliebt hat, der bei mir lediglich sorgenvolles Hände-über-den-Kopf-Zusammenschlagen auslöst. Auch wenn ich aufgrund eigenen Erlebens zu wissen glaube, wie die Beziehung ausgehen wird, so würde es dem Kind nichts bringen, wenn ich meine Erfahrung wie eine Käseglocke über die Situation stülpte. Ich muss darauf vertrauen, dass das Kind aus sich selbst heraus spüren wird, wer ihm guttut und wer eben nicht. Meine Aufgabe als Mutter sehe ich in solchen Situationen darin, dem Kind jederzeit zu signalisieren, dass ich mit einer Hand, einer Schulter oder einer herzlichen Umarmung da sein werde, wenn sie gebraucht oder gewünscht wird. Ich bin bemüht, aber längst nicht perfekt, wahrscheinlich nicht mal besonders gut darin, anderen, insbesondere meinen Töchtern, nicht allzu viele ungewollte „Äpfel" mit auf den Weg zu geben.

Gibt es „Äpfel", die mir angehängt werden und die ich, lieber heut' als morgen, loswerden möchte? Wenn ich darüber sinniere, fallen mir eigentlich nur die wenigen „Äpfel" ein, die mir anscheinend in regelmäßigen, aber dennoch großen Abständen auferlegt werden. Es sind „Apfel"-Sätze, die in gewissen Situationen von meiner Mutter geäußert werden. Warum sollte es mir besser ergehen als meinen eigenen Töchtern?

Obwohl ich inzwischen vorsichtig auf die „Fuffzich" zugehe; obwohl Frauen in meinem Alter manchmal bereits Großmütter sind; obwohl ich selbst zwei wunderbare Töchter auf natürliche Weise geboren, mit Freuden und mal mit Anstrengung beim Großwerden begleitet habe; und obwohl ich mit erlerntem Beruf und ungelernter Leidenschaft eigenes Geld verdiene, komme auch ich um

Sätze wie „Hast du genug an?" oder „Willst du das tatsächlich zur Arbeit anziehen?" nicht herum. Je nach Stimmung sind diese zweifelsfrei gut gemeinten Sätze imstande, mein Nervenkostüm zu schwächen.

Situationen, in denen ich mit negativen Gefühlen wie Gereiztheit, Enttäuschung, Eifersucht, Wut, Verletztheit oder Neid reagiere, versuche ich inzwischen als eine Übungseinheit anzusehen.

Ich erinnere mich, wie ich als sehr junger Mensch die Schuld für diese Gefühle beim Gegenüber oder zumindest im direkten Umfeld suchte. Es war so schön einfach und bequem. Der Satz, das Verhalten oder die Geste des anderen, sie waren es, die eben erwähnte negative Gefühle zu verantworten hatten. Ich glaube, dass eine Menge Menschen nach diesem Prinzip leben. Wie gesagt, es ist einfach und bequem. Meine Überzeugung aber ist inzwischen, dass jedes reaktionsbegleitende Gefühl viel mehr mit mir selbst zu tun hat als mit meinem Gegenüber. Ich übe die Umsetzung meiner Überzeugung schon länger. Wenn ich auf etwas gereizt reagiere, dann frage ich mich: „Wieso ist es *mir* gerade nicht möglich, entspannt zu reagieren?" Wenn ich auf etwas neidisch reagiere, dann sollte ich auf mich schauen und ehrlich reflektieren: „Was ist gerade *mein* Problem?" Wenn ich enttäuscht bin, sollte ich weg von Vorwürfen und mich stattdessen mit *meinen* Erwartungen auseinandersetzen. Das ist unbequem und zuweilen auch schmerzhaft. Aber ich bin davon überzeugt, dass es fairer und irgendwie auch lösungsorientierter ist.

Meine gewonnene Erfahrung ist, dass ich dadurch viel weniger und viel seltener negative Gefühle in mir habe. Andere sind nicht verantwortlich für das, was ich fühle. Sie können bisweilen Auslöser sein, wie zum Beispiel meine – zweifelsfrei geliebte – Mutter mit manchen Sätzen, aber daraus dürfen keine Schuldzuweisungen oder Vorwürfe meinerseits entstehen. Verantwortlich für meine Gefühle und Reaktionen bin ich. Keine Geringere als ich!

Im Umkehrschluss heißt das auch für mich, dass ich nicht für die Gefühle anderer verantwortlich bin. Ich werde immer besser darin, die Probleme der anderen bei ihnen zu lassen.

Beispiel: Wenn zu einer meiner Kolumnen eine sehr negative Kritik geäußert wird, dann nehme ich das interessiert entgegen. Gleichzeitig fühle ich mich nicht verantwortlich für die Wut des Lesers und beziehe Beleidigungen nicht auf meine Person. Vielmehr frage ich mich: „Was hat dieser Mensch erlebt, weswegen er so reagiert?" Das mag ignorant und überheblich erscheinen. So ist es nicht gemeint. Ich persönlich finde zu mehr Frieden und Gelassenheit, wenn ich den Unfrieden anderer nicht ständig auf mich beziehe und gleichzeitig meinen eigenen Unfrieden nicht auf andere abwälze.

Zurück zu den mütterlichen „Apfel"-Sätzen „Hast du genug an?" oder „Willst du das tatsächlich zur Arbeit anziehen?". Möchte ich sie, diese „Äpfel", tatsächlich loswerden? Da mir die Abstände, in denen ich sie – im wahrsten

Sinne des Wortes – erTRAGEN muss, groß genug erscheinen, kann ich gut mit ihnen leben. Sind sie vielleicht sogar Hinweise auf eine liebevolle Verbundenheit zwischen Mutter und Tochter? In den Situationen, in denen diese Sätze geäußert werden, bin ich versucht, ihnen mit Humor oder zumindest mit Gelassenheit zu begegnen. Denn es scheint eine universelle Erklärung und Entschuldigung für derartige Sätze zu geben, die meine Mutter trefflich so zusammenfasst: „Einmal Mutter – immer Mutter!"

Wie viele Kilometer mich die Gedanken zur Last des Gutgemeinten durch das Wendland begleiten, kann ich nicht sagen. Was ich aber ungetrübt sagen kann: Mich raum- und zeitlos meinen Gedanken widmen zu können, das zählt für mich zu einem der angenehmsten Faktoren meines Nach-Hause-Gehens.

Danke – eine neue Strophe

„Danke für die Irrwege. Ohne sie wäre ich vielleicht an mir vorbeigelaufen."

Irina Rauthmann (*1958),

deutsche Aphoristikerin und Lyrikerin

In vielen, sehr vielen Momenten hatte ich das Gefühl von Dankbarkeit in mir. Ein schönes Gefühl. Die Gründe, wieso sich dieses Gefühl in mir ausbreitete, waren vielfältig. Es konnten die Gedanken an meine so sehr geliebten Töchter sein. Immer wieder bereichern sie mein Leben auf wunderbare und vielfältige Weise. Diese Bereicherung beinhaltet neben schönen Gefühlen auch die Konfrontation mit eigenen Unzulänglichkeiten in den unterschiedlichsten Phasen ihres Großwerdens. Das Zusammenleben mit meinen Kindern fordert mich ständig auf, mich selbst zu reflektieren und die Art und Weise, wie ich mein Leben lebe, zu hinterfragen.

Neben gewissen Werten, die mir wichtig erscheinen und die ich gern weitergeben möchte, ist es mir auch ein Bedürfnis, meinen Kindern deutlich zu machen, dass es nicht „die eine" Art und Weise gibt, sein Leben zu leben. Letztendlich sollte sich jeder auf die Suche nach dem machen, was einen zufrieden und glücklich macht. Und es kann sein, dass die wirklich tiefe, anhaltende Freude am oder im

Leben nicht in unserer westlichen, reichen und materiellen Welt gefunden wird. Wer weiß das schon? Der Lebensweg meiner Töchter erfüllt mich mit Neugier und ich begleite gern und gespannt die Stationen ihres Weges.

Aber während meines Nach-Hause-Gehens wollte ich der Frau Inge Schlüter bewusst mehr Raum geben als der Mutter Inge Schlüter. Ein Vorhaben, welches sich nicht einfach in die Tat umsetzen ließ, wie ich merkte. Es verging, wenn ich es recht bedenke, kein Tag, an dem ich nicht mit meinen Gedanken mindestens einmal bei meinen Kindern war. Manchmal mit Sehnsucht, meistens mit Freude und besagter Dankbarkeit, und manchmal mit der Überlegung, womit sie sich wohl gerade die Zeit vertrieben, während ich sie in meinen Gedanken hatte. Hin und wieder dachte ich vielleicht einfach aus reiner Gewohnheit an sie. Immerhin war ich inzwischen achtzehn Jahre lang Mutter, davon fünfzehn Jahre als sogenannte Alleinerziehende.

Irgendwann fragte ich mich beim Gehen, ob es überhaupt einen Tag im Leben geben wird, an dem ich, die Mutter, nicht an meine Kinder denken werde. Ich meine, wirklich überhaupt nicht. Von morgens bis abends. Gar nicht! So, dass ich am Morgen des übernächsten Tages aus dem Bett falle und feststelle: „Hoppla, gestern habe ich in keiner Weise und keine Millisekunde lang an meine Goldschnuten gedacht!" Ich nahm mir vor, diese Gedanken meinem Lieblingsmann mitzuteilen, wenn ich wieder zu Hause sein würde. Er ist schon sehr lange Vater und lebt schon sehr lange nicht mehr mit seinem Kind zusammen. Ob es bei ihm nach der Geburt seiner Tochter einen Tag im Leben gab, an dem er nicht an sie gedacht hat?

Nein – nach meiner Rückkehr darauf angesprochen, bestätigt er meine Vermutung. Auch bei ihm hat es keinen Tag im Leben gegeben, an dem er nicht an seine Tochter dachte. Und er wagt zu behaupten, dass es einen solchen Tag auch in Zukunft nicht geben wird. Jeden Tag streift seine Tochter, egal wie weit sie räumlich voneinander entfernt sind, in unterschiedlicher Form und Intensität seine Worte, seine Gedanken oder sein Herz.

Zurück zur Dankbarkeit.

Manchmal waren es auch belanglosere Dinge, die in mir dieses erfüllende Gefühl hervorriefen: eine schöne Unterkunft, ein gutes Frühstück, eine nette Plauderei während des Weges oder die schöne Natur um mich herum. Ich beobachtete, dass es mit der Zeit immer kleinere Dinge sein konnten, über die ich mich freuen konnte. Sogar Augenblicke, in denen ich von purer Lebensfreude und Dankbarkeit erfüllt war, obwohl eigentlich gar nichts Bewegendes passierte, erlebte ich. Es schien der Moment, das Jetzt, das schlichte Sein zu sein, welches der Verursacher eben erwähnter Glücksgefühle war.

Oft genug war es auch einfach nur das Wetter. Ja, das Wetter. Es soll ein Sommer gewesen sein, der vielerorts in Deutschland als verregnet, nass und zu kühl in Erinnerung bleibt.

Wenn ich aber an meinen Weg zurückdenke, kommen mir in erster Linie die vielen heißen und regenarmen Tage in den Sinn, die mir geschenkt wurden. Nicht selten war es sehr sonnig und das Gehen mit dem schweren Rucksack erwies sich als schweißtreibende und auch kräftezehrende Angelegenheit für mich. Sehr lebhaft erinnere ich mich an einen Moment am zwölften Tag, als ich am frühen Morgen mit akutem Heimweh aus Marburg an der Lahn startete. Ich erwähnte es bereits: Für mich lag in solchen Stimmungen nichts näher, als aktiv dafür Sorge zu tragen, dem Zuhause ein gutes Stück näher zu kommen. Also: Gehen! Das Gehen an sich wirkte verlässlich wie Medizin mit der einzigen Nebenwirkung: Glücksgefühl!

In diesem besagten Moment, ich befinde mich inzwischen abseits der Lahn auf einem sehr naturnahen Weg, der durch kleine, gemütlich anmutende Orte führt, schiebt sich eine Wolke vor die Sonne. Spontan fällt mir aus Dankbarkeit diese Strophe ein, die sich seither in das Repertoire der eigenen Danke-Liedstrophen einreiht:

Danke für dieses schöne Wetter,
Danke – so kann ich weitergeh'n.
Danke für all die kleinen Wolken,
die vor der Sonne steh'n.

Das Original ist das Kirchenlied „Danke für diesen guten Morgen", welches im evangelischen Gesangbuch die

Nummer 334 trägt. Der ursprüngliche Titel lautet einfach nur „Danke" und das Lied wurde erst im Jahre 1961 im Rahmen eines Wettbewerbes der Evangelischen Akademie Tutzing von Martin Gotthard Schneider verfasst. Er gewann damit den ersten Preis! Zwei Jahre später hielt sich dieser Song sogar für sechs Wochen in den Charts der deutschen Hitparade. Unglaublich! Diese einprägsame, schöne Melodie lädt ein zum Selbsttexten, weswegen es inzwischen Strophen zu unterschiedlichen Anlässen gibt … und nun auch meine für kleine Wolken, die dankbar begrüßt werden, weil sie sich schützend vor die Sonne schieben.

Ich sang sie oft vor mich hin und mir gefiel der Gedanke, dass ich das Wetter damit tatsächlich beeinflussen konnte. Vielleicht gelang es mir nicht wirklich, aber immer wieder nahm ich dankbar wahr, dass sich wohltuende Wolken ihren Weg vor die Sonne bahnten, um für einige Momente die heißen Sonnenstrahlen von mir abzuwenden.
Danke!

Wehwehchen wegdenken

„Wir sind, was wir denken. Alles, was wir sind, entsteht aus unseren Gedanken. Mit unseren Gedanken formen wir die Welt."

Buddha (563–483 v.Chr.),

Begründer des Buddhismus

Mein Nach-Hause-Gehen erwies sich als sehr geeignet, um ein Verfahren zu üben, von welchem ich zwar in der Theorie überzeugt war, dessen praktische Umsetzung ich aber in meinen Alltag noch nicht im gewünschten Maße integriert hatte: das Wegdenken von Schmerzen.

Ja, es geht! Es ist kein Hokuspokus, sondern lehnt sich an eine inzwischen gut erforschte Methode aus dem Bereich des Biofeedbacks an. Genauer kann und möchte ich das nicht erläutern – ich bin keine Fachfrau. Auch erscheint mir der eben erwähnte Bereich derart umfangreich, dass ich Gefahr laufen würde, hier Halb- oder gar Unwahrheiten zu verbreiten. Deswegen spreche ich auch schlicht vom Schmerzenwegdenken, während Fachleute dafür wahrscheinlich eine kaum auszusprechende, lateinisch klingende Bezeichnung haben.

Dahinter verbirgt sich, vereinfacht gesagt, die Idee: Was wahrnehmbar ist, lässt sich auch verändern! Ein Beispiel: Beim Bio- oder Neurofeedback werden unwillkürliche

Funktionen wie die Hauttemperatur, Muskelaktivitäten oder Schweißbildung mithilfe technischer Geräte sichtbar und somit für den Patienten mit der Kraft der Gedanken beeinflussbar. Aber die Schweißbildung war es nicht, die ich gedanklich beeinflussen wollte. Die war mir – um es auf den Punkt zu bringen – ziemlich egal. In meinem Fall wollte ich keine Körperfunktion beeinflussen, sondern ich versuchte, mit der Kraft der Gedanken einen gefühlten Schmerz verschwinden zu lassen. Nach wenigen Wochen hatte sich besagter Schmerz in den Füßen eingestellt. Zusätzlich schienen sie mir leicht geschwollen zu sein. Der linke war stärker betroffen als der rechte. Weder andauernd noch kontinuierlich, aber besonders in den Momenten, in denen ich morgens oder nach einer Pause das Gehen begann, schien es, dass meine Füße unter der Last meines Körpers inklusive Rucksack zu viel zu tragen hatten und dieses mit einem Schmerz kundtaten. Sie schienen mir im wahrsten Sinne des Wortes überlastet. Nicht nur, dass ich sie mit meinem Nach-Hause-Gehen dazu nötigte, täglich so viele Kilometer, wie sie es nicht gewohnt waren, zu laufen. Nein, zusätzlich gönnte ich ihnen für fünf Wochen auch keine Verschnaufpause. Ich ging jeden Tag, wenn auch vereinzelt Tage ohne Rucksack. Das waren meine Füße nicht gewohnt, und auch eine Vorbereitungszeit mit einer langsamen, kontinuierlichen Steigerung blieb ihnen verwehrt. Es ist anzunehmen, dass ich mit meiner Unbekümmertheit meinen Füßen zu viel abverlangt hatte. Da der Schmerz aber, wie erwähnt, nicht permanent spürbar war und auch die Intensität mich nicht dazu veranlasste, eine Ärztin oder einen Arzt aufzusuchen, kam mir die Idee, die Kraft meiner Gedanken einzusetzen. Die Gegebenheiten erschienen mir gut zum Üben: Ruhe, Zeit und Alleinsein – gute Voraussetzungen, um sich auf etwas zu konzentrieren. In einem Buch las ich, dass man den Schmerz zuerst einmal annehmen müsse. Ich verstand das so, dass ich mir den Schmerz zum Freund oder zur Freundin machen und ihn quasi willkommen heißen sollte. Denn der Schmerz ist, wie das erwähnte Buch beschreibt, lediglich ein eingebildetes Gefühl, welches aus einer Abwehrhaltung des Körpers entsteht und durchaus auch als Schutzmechanismus dienen kann. Wenn zum Beispiel eine Hand eine heiße Herdplatte berührt, entsteht real kein Schmerz. Der Schmerz wird empfunden, weil Menschen dahingehend konditioniert sind, dass gewisse Dinge oder Vorgänge nun mal wehtun oder gefährlich sind. In dem Fall der Herdplatte können wir uns über die Schutzfunktion des Schmerzgefühls freuen, denn die wird dafür sorgen, dass wir die Hand schnell von dem heißen Element entfernen, bevor die Haut Schaden durch Verbrennungen erfährt. Und weil Menschen für vermeintlichen Hokuspokus wenig übrig haben, erfanden sie das Induktionskochfeld, anstatt sich der Kraft der Gedanken zu bedienen. Spaß beiseite! Die Kraft der Gedanken kann zwar den Schmerz überwinden, aber sie verhindert nicht das Verbrennen unserer Haut. Der Schmerz ist also, wenn ich das richtig verstanden habe, eine gefühlsmäßige Reaktion auf eine im Kopf stattfindende Bewertung: Hand auf heißer Herdplatte, Gehirn sagt: Nicht gut! Hand auf Katzenfell, Gehirn sagt: Gut! Sogar sehr gut!

Ähnlich wie mit dem Schmerz verhält es sich auch mit der Angst. Auch sie soll ein Produkt der Gedanken sein. Real betrachtet gibt es zwar Gefahren, aber keine Angst!

Mich dieser Theorie bedienend, versuche ich also auf meinem Nach-Hause-Gehen den Schmerz in meinen Füßen wegzudenken. Ich beginne, all meine Gedanken beim Gehen in den Schmerz zu lenken. Dabei spreche ich ihn, den Schmerz, auch mit Worten an. Das empfinde ich als hilfreich und da ich auf dem Weg in der Natur meistens nicht von anderen Menschen umgeben bin, fühle ich mich ermutigt, diesbezüglich all meine vorhandenen Hemmungen abzulegen.

„Hallo, Schmerz, schön, dass du da bist! Natürlich darfst du bei mir sein! Das wäre ja noch schöner – ich fordere meine Füße in einem völlig überhöhten Maße und erlaube dir nicht, vorbeizuschauen! Es ist okay, dass du bei mir bist. Du darfst dich in meinen Füßen aufhalten."

Das sind Sätze, die ich über meine Lippen bringe, während ich mich darauf konzentriere, dass meine Gedanken die Füße nicht verlassen. Das gestaltet sich als meine größte Schwierigkeit. Immer wieder sind meine Gedanken versucht, abzuschweifen oder überzuspringen auf die zweifelsfrei schöne Natur um mich herum oder auf andere durchaus gedankenwürdige Dinge. Es erfordert viel Konzentration, dass meine Gedanken da bleiben, wo ich sie wissen will: bei den Füßen! Und immer wieder meine einladenden, willkommen heißenden Worte an den Schmerz: „Na, du Schmerz! Schön, dass du da bist. Fühl dich wohl in meinen Füßen. Du darfst da sein. Du darfst dich sogar überall in meinem Körper aufhalten, wenn du magst." Auch wenn es sich so liest, als sei ich diesbezüglich eine „alte Häsin", so gehört diese Übung zu einer meiner ersten, die ich je zu dieser Methode angewandt habe. Um es auf den Punkt zu bringen: Ich habe eigentlich keine Ahnung von dem, was ich tue. Ich versuche einfach nur das umzusetzen, was ich in dem Buch gelesen habe und was sich für mich in der Theorie als sehr plausibel und durchaus möglich darstellt.

Bald kommt mir ein Gedanke, der mich Folgendes ausprobieren lässt: Neben meiner Willkommenskultur, die der Schmerz erfährt, wäre es vielleicht auch denkbar, ihn fließen zu lassen und den Schmerz schlussendlich an den Boden abzugeben. Folglich versuche ich, den Schmerz beim Ein- und Ausatmen mit auf die Reise durch den Körper zu nehmen. Bei meinem ersten Atemzug atme ich so tief ein, dass ich gefühlt den Schmerz mit meinem Atem aus den Füßen abhole. Das ist ein langer Weg: einmal von oben nach unten! Neben der Konzentration erfordert das auch ein gewisses Maß an Fantasie, denn tatsächlich sind die Lungenbläschen der tiefste Punkt, an dem die reine Atemluft vorbeischaut. Dort findet der Gasaustausch statt, welcher den Sauerstoff aus meinem Atem filtert und ihn an das

Blut abgibt, damit es von nun an auf andere Art und Weise mein Überleben sichern kann.

Ungeachtet dieser Tatsache lasse ich einfach die komplette Atemluft weiter ihren Ausflug durch meinen Körper machen. Angekommen in den Füßen, lasse ich den Schmerz auf meinen Atemzug aufspringen, worauf sie sich gemeinsam den Weg nach oben bahnen: vorbei an den Knien, durch den Oberschenkel, den Po passieren, das Zwerchfell besucht, die Lungen durchlaufen, die Luftröhre hochgekraxelt und durch die Nase wieder ins Freie. Und das einige Male in Folge.

Irgendwann fange ich an, in Gedanken dem Schmerz zu erlauben, nachdem er des Öfteren den langen Weg durch meinen Körper genommen hat, mit dem nächsten Schritt meine Füße zu verlassen. Er darf über meinen Wanderschuh in die Mutter Erde übergehen und sich von ihr wohlig aufnehmen lassen. Er muss nicht – er darf! Diesbezüglich erweise ich mich als großzügig. Die Entscheidung soll der Schmerz selbst treffen. Zu dem Zeitpunkt bin ich mir nicht sicher, ob der Schmerz meinen Vorschlag annehmen wird. Denn es scheint mir, dass der Schmerz mich inzwischen richtig lieb gewonnen hat. Kein Wunder – so nett, wie ich mit ihm kommuniziere! Aber der Schmerz erkennt nicht nur meine Nettigkeit, sondern er erkennt auch den Freiraum, den ich ihm lasse.

Vielleicht ist es genau diese Ungezwungenheit, die meinen Freund, den Schmerz, dazu veranlasst, Reißaus zu nehmen. Ich weiß es nicht. Ich weiß nur, dass ich irgendwann – nach sehr wenigen Kilometern der Konzentration – keinen Schmerz mehr wahrnehme beim Gehen. Was für ein Erlebnis. Was für eine Erfahrung.

Anscheinend ist es mir tatsächlich möglich, mit der Kraft der Gedanken ein Wehwehchen wegzudenken. Und wer mich fortan für ein psychisch völlig verkorkstes Etwas halten möchte, der darf das gerne tun. Ich zähle mich inzwischen zu den Glücklichen, die unempfindlich auf eine mögliche Außenwirkung reagieren. Wenn in mir jemand eine überdrehte Spinnerin, eine verkappte Hexe, eine Esoterik-Tante oder gar ein blau-rot-kariertes Nilpferd sehen möchte, halte ich ihn oder sie nicht davon ab – meine Überzeugung fußt auf meiner neuen Erfahrung.

Mir war bewusst, dass ich physisch nichts an meinen Füßen geändert hatte und somit auch die Ursache für den gefühlten Schmerz nicht behoben war. Und solange ich dieser Ursache nicht auf den Grund ginge, würde der Schmerz mich bei meinem Nach-Hause-Gehen begleiten. Nicht andauernd, eher sporadisch. Wie Schluckauf. Das konnte ich gut akzeptieren und nahm mir vor, einen eventuellen Arztbesuch auf die Zeit nach meinem Urlaub zu vertagen.

Mit der gemachten Erfahrung im Gepäck fühlte ich mich gut ausgerüstet und sie ebnete den Weg zur neugierigen Frage: Was geht noch alles mit der Kraft meiner Gedanken?

Verpasste Chancen

„An einem offenen Paradiesgärtchen geht der Mensch gleichgültig vorbei und wird erst traurig, wenn es verschlossen ist."

Gottfried Keller (1819–1890),
schweizer Dichter und Romanautor

Es gibt Chancen, die nahm ich einfach nicht wahr. Und hinterher ärgerte ich mich mehr oder weniger über die eigene Unfähigkeit, eine Chance als solche zu erkennen und sie – bitte schön – auch in dem Moment, wo sie sich anbot, zu ergreifen. So erging es mir zweimal auf meinem Nach-Hause-Weg. Die eine der beiden verpassten Chancen verkrafte ich besser. Sie ist, wie ich finde, keine schwerwiegende, trotzdem ploppt die Situation ab und zu in meinem Kopf auf mit der Überschrift „Hättest du bloß …"

Es ging um einen Hund und einen Stock. Der Stock war eigentlich kein Stock, vielmehr ein Ast – dafür aber war der Hund wirklich ein Hund. Um es genau zu sagen, ein ausgewachsener brauner Labrador. Schickes Tier! Der Hund begegnete mir mit seinem Frauchen, einer sportiv wirkenden Frau mittleren Alters, zwischen den Orten Wetter und Ernsthausen am Lahn-Eder-Radweg, der die Lahn mit – wie kann es anders sein – der Eder verbindet. Und jetzt komme ich zur verpassten Chance, denn zu gern hätte ich ein Foto vom Anblick gemacht, der mir mit dieser Begegnung geschenkt wurde. So bleibt mir nur, zu versuchen, die Situation so gut es geht zu beschreiben, sodass ein lebendiges Bild im Kopf entstehen kann.

Der Hund trottet neben seinem Frauchen. Er scheint Mühe zu haben bei dem, was er sich vorgenommen hat. Er trägt einen – auf seine eigene Körpergröße bezogen – langen, dicken, übergroßen Ast im Maul. In seinem Vorhaben, diesen nach Hause zu transportieren, wirkt er unbeirrbar. Der Ast hat am dicksten Ende einen Durchmesser von ungefähr acht Zentimetern und ragt zu jeder Seite seines Mauls etwa einen Meter hinaus. Das Gewicht des Astes drückt seinen Kopf nach unten, aber er hält mit Kraft und Willen dagegen. Das Frauchen bestätigt mir in unserem kurzen Gespräch, dass dies eine Marotte ihres Hundes sei. „Das macht er immer. Er holt sich die dicksten Äste aus dem Wasser und schleppt sie bis nach Hause." Dieser Anblick setzt Gedanken frei, die mich für die nächsten Kilometer begleiten. Wenn Gedanken eine Überschrift hätten, dann hätten sie diese bekommen: Geht nicht, gibt's nicht!

Es entwickelte sich zu einer Lieblingsbeschäftigung, dass ich Gedanken lange mit mir herumtrug. Diese Gedanken bekommen wiederum weitere Gedankenäste und diese verzweigen sich abermals. Manche vernetzen sich wieder mit bereits gedachten Gedanken. So entstand nicht selten ein ganzes Gedankennetz, dessen Ursprung ein einziges, manchmal sehr kurzes Bild war, das mir begegnete, sei es in Verbindung mit Mensch, Tier oder Natur.

Und dieser Hund mit seinem überdimensional großen Ast im Maul war eines der besagten Bilder und somit Auslöser für meinen Gedanken „Geht nicht, gibt's nicht!". Ich fragte mich, was den Hund dazu veranlasste, sich immer die größten Äste aus dem Wasser zu holen. Er wirkte auf mich nicht so, als ob er dafür gelobt werden oder einen Applaus hervorkitzeln wollte. Er erschien in sich ruhend und ohne den Hauch eines Zweifels, dass die größten Äste für ihn zu groß sein könnten. Beneidenswert!

Ich versuchte mich zu erinnern, wann ich selbst das letzte Mal derart schwer „gerackert" hatte, um ein Ziel zu erreichen. Was sind meine „dicken Äste"? Ein weiterer Gedankenzweig war die Vorstellung, ob und wann ich selbst einen Hund haben werde. Und wenn ja, was wird es für eine Rasse sein? Dieser Gedanke wiederum frischt Erinnerungen an längst verstorbene Jagdhunde meines Vaters auf: Dina, Dorn, Eike und Cito.

Dies nur als kurzen, ausschnittsweisen Exkurs in eines meiner beschriebenen Gedankennetze auf meinem Weg.

Zurück zu den verpassten Chancen.

Ich habe ja bereits angekündigt, dass die Tatsache, dass ich vom eben erwähnten Hund kein Foto machte, die leichter zu verkraftende verpasste Chance ist. Richtig bedauern, ja so richtig von Herzen leid tut es mir bei Hanneke und Jan.

Hanneke und Jan lerne ich bereits in der ersten Woche an der Lahn kennen. Ich habe mein Zimmer in dem wunderschönen Reiterhof Scheu in Aumenau bezogen und freue mich sehr über ein kleines Badezimmer, welches zu meinem Zimmer gehört. Da ich bei sehr warmem, fast heißem Wetter unterwegs war, wird die Dusche von mir ausgiebig und sehr genussvoll genutzt. Ich schätze auch den Luxus, dass die Dusche nur sieben Schritte von meinem Bett entfernt liegt. Über solche Gegebenheiten kann ich mich nach ein paar Nächten auf einem Campingplatz bereits sehr freuen. Nach der Dusche erkunde ich den Reiterhof und mache es mir im liebevoll angelegten Garten gemütlich. Das Gartengrundstück verfügt auch über einen Pool und ein kleines Gästehaus, welches mit seinem Fachwerk dieses Idyll komplett macht. Nach kurzer Zeit kommen zwei Radfahrer um die Ecke und bekommen eben erwähntes Gästehaus als ihre Unterkunft zugewiesen. Es sind Hanneke und Jan aus Holland. Sie fahren gemeinsam den Lahnradweg entlang und finden im Reiterhof, wie auch ich, ihre Bleibe für eine Nacht. Wir kommen schnell in ein nettes Gespräch. Ihre Deutschkenntnisse sind so gut, dass eine Unterhaltung über die Standardfragen „Wie heißt du?" und „Wo kommst du her?" hinauswachsen kann. Das liegt daran, dass sie dort, wo sie wohnen, mehr oder weniger deutsches Fernsehprogramm empfangen können. Und das schon zu Kindertagen. Sie verabschieden sich für eine kurze Zeit, weil sie im Ort ein Restaurant aufsuchen wollen, um zu Abend zu essen. Für den Abend verabreden wir uns, um am Pool gemeinsam ein Bierchen zu trinken.

Es wird ein netter Abend. Nach einigen Tagen der – wie kann ich es nennen – verbalen Enthaltsamkeit genieße ich die Unterhaltung, die abweicht von den Plaudereien, wie ich sie während meines Nach-Hause-Gehens oft erlebe: durchaus nett, gesellig und freundlich, aber eben doch eine gewisse Oberflächlichkeit nicht verlassend.

Hanneke und Jan sind mir sehr willkommene Gesprächspartner. Sie erscheinen mir interessant, interessiert, nett, gesellig und auch humorvoll. Als Beispiel für den Humor kommt mir zuerst eine Situation in den Sinn – ich glaube, es war nach der zweiten Bierflasche: Der Garten ist wie erwähnt herzallerliebst angelegt. Hier und da zieren Dekorationsartikel das gemütliche Stück Land an der Lahn. Unter anderem auch eine Art Kugel unter einem Baum, von dem wir alle nicht wissen, was es für einer ist. Diese Kugel nehmen wir im hellen Licht des Abends schon als Blickfang wahr. Als es nun schummeriger wird, weil auch der schönste Sommerabend irgendwann erdunkelt, wirft Jan ein: „Die Kugel, guckt, die leuchtet! Die leuchtet doch, oder?"

Hanneke und ich schauen zur Kugel, dann zu Jan und schließlich werfen wir uns einen kurzen Blick zu. Die Lage ist klar. Wir scheinen uns unausgesprochen einig zu sein in unserer mit Sarkasmus gewürzten und bemüht ernsten Reaktion: „Doch, sie leuchtet!" Kurze Pause. „Nach zwei Bier

kann es schon mal sein, dass sie leuchtet!", fahre ich fort, und Hanneke schiebt hinterher: „Sie brennt schon fast!"
Ich mag diesen Humor und ich mag die beiden. Hanneke und Jan sind Freunde, die sich bereits vor über vierzig Jahren im Psychologiestudium kennengelernt haben. Sie machen seither gemeinsame Aktivurlaube. Hanneke ist Mutter zweier Kinder und Jan lebt in einer Beziehung und hat keine Kinder.
„Zumindest weiß ich von keinen!", fügt er neckisch hinzu.
Wir verabschieden uns an diesem Abend mit der Vermutung, dass wir uns am Frühstück des nächsten Morgen noch einmal begegnen werden. Auch wenn die Wahrscheinlichkeit groß ist, dass ich früher an den Start gehe als Hanneke und Jan, so würden wir uns sicher noch sehen, bevor ich dem Reiterhof mit meinem Rucksack den Rücken kehrte.
So kommt es dann auch. Ich habe sehr früh meine Sachen gepackt und das Zimmer ordnungsgemäß, wie es für mich ein Leichtes ist, hinterlassen.
Die kühlen Morgenstunden sind mir für das Gehen besonders lieb geworden, nachdem ich einige Tage erlebte, wie beschwerlich es bei heißen Temperaturen mit einem schweren Rucksack sein kann. Der Wetterbericht kündigt einige sehr sonnige Tage an, an denen mir der Schutz der Wolken verwehrt sein wird. Anders als viele Radfahrer freue ich mich über einen bedeckten Himmel am meisten. Das liegt daran, dass mir im Gegensatz zu den Radfahrern etwas ganz Entscheidendes fehlt, um sonniges Wetter in vollem Umfang zu genießen: der angenehme Fahrtwind!

Auch auf meinen zügig gegangenen Abschnitten bin ich noch weit davon entfernt, so was wie einen Gehwind zu erzeugen!

Hanneke und Jan sitzen am Frühstückstisch, als ich im gleichen Raum im Begriff bin, meine Rechnung bei der Hausherrin zu bezahlen. Es herrscht eine lockere Stimmung im Raum.

„Lass uns deine Nummer da, falls wir irgendetwas für dich tun können", ist Hannekes Vorschlag. Ich weiß nicht, wieso, weshalb, warum ich diesen Vorschlag nicht einfach angenommen habe. Was hat mich geritten, mit den scherzhaften Worten „Was könnte das sein? Wollt ihr meinen Rucksack tragen?" zu reagieren?

„Ja, zum Beispiel!", nicken beide noch.

Das ist der erste Teil der besagten schwerwiegenden verpassten Chance, über die ich mich schon während meines Nach-Hause-Gehens und auch noch zu Hause, längst wieder im Alltag angekommen sehr ärgere. Ja, ich muss es einfach so ausdrücken: Ich ärgere mich wie die Pest, dass ich Hannekes Vorschlag nicht angenommen habe!

So kommt es, dass wir uns verabschieden, ohne unsere Telefonnummern auszutauschen. Und schon auf den ersten Metern meines Gehens tut mir das sehr leid. Wieso habe ich so unverbindlich reagiert?

Auf der einen Seite ahnte ich, was es für eine Freude sein würde, im Laufe meines Nach-Hause-Gehens das eine oder andere Mal von ihnen zu hören oder zu lesen. Zumal wir ja auch ein ganzes Stück den gleichen Weg zurücklegen würden. Ich gehend, sie fahrradfahrend. Auf der anderen Seite fühlte ich mich durch irgendetwas blockiert. Woher kam diese Blockade? Darüber machte ich mir über viele Kilometer Gedanken. Denn selbst als ich innerhalb dieser verpassten Chance meine zweite Chance bekam, ließ ich sie an mir vorbeirauschen:

Ich bin bereits eine oder zwei Stunden gegangen, als ich von Hanneke und Jan überholt werde. Wie gesagt, wir haben den gleichen Weg, nur waren sie später aus der Unterkunft gestartet und holten mich natürlich ein, weil man fahrend bekanntlich schneller ist als gehend. Ich bin gerade etwas abseits des Radweges, weil ich im Begriff bin, die Toilette des dort gelegenen Gasthauses aufzusuchen. Hanneke bleibt am Radweg stehen, winkt, Jan kommt noch mal zu mir und wünscht mir, seine Hand an meinem Arm, eine gute Weiterreise. Er ist so zugewandt und ich bin so doof! Ist Hanneke vielleicht deswegen am Radweg stehen geblieben, weil ich sie bereits mit meiner Unverbindlichkeit irritiert hatte? Erneut spüre ich diese Blockade, gegen die mein Wunsch, Hanneke und Jan wiederzusehen, nicht ankommt. Wieder verabschieden wir uns, ohne dass irgendetwas ausgetauscht wurde, was eine Verbindung hätte aufrechterhalten können. Und wieder tut es mir leid, noch bevor ich meinen Weg fortsetze. Was ist das für eine bescheuerte Blockade?

Je länger ich darüber nachdachte, desto mehr kam mir der

Verdacht, dass es etwas mit meinem Unverständnis zu tun haben muss, wie schnell und leichtfertig heutzutage „Freundschaften" geschlossen werden. Ein Klick, ein Like, eine Handynummer! Ich mag keine überstürzten „Wir haben uns alle lieb"-Gesten. Überstürztes erscheint mir manchmal unüberlegt. Ich gebe den Dingen gerne ihre Zeit und empfinde ein zu schnelles Austauschen von privaten Daten stellenweise auch als ein oberflächliches, verzweifeltes Sammeln von Bekanntschaften. Auch glaube ich, darin eine Unfähigkeit zu erkennen, Augenblicke oder Begegnungen als das, was sie sind, nämlich Augenblicke und Begegnungen, anzunehmen. Es scheinen typische Charaktereigenschaften des Menschen zu sein: festhalten! Sammeln! Aus jedem Moment, jedem Ereignis, jeder Begegnung möchten Menschen etwas mitnehmen. Für später! Sei es ein Foto, ein Souvenir oder eine „Freundschaft", und wenn auch nur in Form einer Telefonnummer. Vielleicht ist der Mensch gar genetisch so veranlagt, dass er sich auf Teufel komm raus vernetzen will. Bei Schönem, was ihm widerfährt, scheint ein zwangsläufiger Festhaltemechanismus einzusetzen. Und dieser Mechanismus – wenn ich ihn mal so nennen darf – hat viele sogenannte „Freunde" zur Folge. Manchmal sind auch Regale voller Schuhe die Folge oder zwei oder drei leistungsstarke Autos in der Garage oder Krempel und Krams oder Tinnef und Tand. Ich schweife ein wenig von meiner verpassten Chance ab.

Wenn ich mit mir ins Gericht gehe, dann muss ich zugeben,

dass genau die eben beschriebenen Gedanken und meine damit verbundene Zurückhaltung dafür verantwortlich sind, dass ich die Chance, die beiden netten Holländer wiederzusehen, ungenutzt ließ. Vielleicht gelingt es mir zukünftig in ähnlichen Situationen, etwas aufgeschlossener zu reagieren. Das wünsche ich mir zumindest, denn die Begegnung mit Hanneke und Jan schien mir eine zu sein, die es wert gewesen wäre, wiederholt, erweitert, verlängert und vertieft zu werden!

Vertrauen

„Jede Naivität läuft Gefahr lächerlich zu werden, verdient es aber nicht; denn in jeder Naivität liegt unbedachtes Vertrauen und ein Beweis von Unschuld."

Joseph Joubert (1754–1824),
französischer Moralist

Eine für mich schöne Beobachtung im Laufe meines Nach-Hause-Gehens war, dass mein tiefes Vertrauen im Begegnen einer passenden Schlafgelegenheit unbeirrbar war.

Rückblickend betrachtet, teilten sich meine Übernachtungen in zwei Gruppen auf. Nein, es sind nicht die Kategorien „Zelt" oder „feste Unterkunft", wie jetzt vermutet werden könnte. Vielmehr unterteilte ich sie in „gebucht" oder „spontan". Und wenn ich von „gebucht" spreche, dann meine ich damit nicht, dass ich die Übernachtungen im Herbst des Vorjahres mit Frühbucherrabatt dingfest gemacht habe. Nachdem ich auf meinem Nach-Hause-Weg die erste Jugendherberge in Limburg durchgeschwitzt und äußerst erschöpft erreichte und gesagt bekam, dass kein Zimmer mehr frei sei, gewöhnte ich mir an, diese im Vorfeld zu buchen. Das sollte mir nicht nochmal passieren. Wenn ich am Nachmittag oder gar Abend eines Tages an dem Punkt war, dass ich die Füße hochlegen, meine Augen zu machen, den Rucksack ablegen und duschen wollte, dann grenzte es an Folter, wenn sich dieses bis ins Ungewisse verzögerte. Da half mir in Limburg auch nicht die Auskunft, dass der nächste Campingplatz keine fünf Kilometer entfernt – am anderen Ende der Stadt – zu finden sei und sicher noch Plätze frei hätte. Das wäre für jemanden mit Fahrrad oder Auto kaum ein weiterer Aufwand. Für mich bedeutete das, dass ich noch ungefähr eine satte Stunde mit dem 12-kg-Rucksack unterwegs sein würde. Ich erinnere mich sehr lebhaft an meinen Stimmungssturz in der Jugendherberge. Das war mental nur sehr schwer auszuhalten. So schwer sogar, dass mir auf dem Weg von eben besagter Jugendherberge zum Campingplatz derselben Stadt die Tränen liefen. Erschöpfungs- und Frusttränen! Folglich rief ich, wenn ich absehen konnte, wann ich eine Stadt erreichen würde, am Vorabend oder am Morgen in der Jugendherberge an. Dieses Mindestmaß an Planung – sprich die Reservierung eines Zimmers – ließ mich zukünftig zwar auch verschwitzt und erschöpft die Jugendherberge erreichen, aber immerhin mit der Gewissheit, dass ein Bett und eine Dusche für mich bereitstünden. Das meine ich mit „gebucht".

Und so kam es dann auch. Manche der Städte, die auf meinem Weg lagen, wollte ich mir gern mit mehr Zeit anschauen. Dort habe ich meistens zwei Übernachtungen in einer Jugendherberge oder einer anderen, günstigen Pension gebucht. Damit hatte ich gleich mehrere Fliegen mit einer Klappe geschlagen: Eine meistens bequeme Matratze, Duschgelegenheit, ein leckeres Frühstück inklusive, Platz, um mein Zelt zum Trocknen auszubreiten und „unbeschwertes" Bummeln oder Teilhaben an kulturellen Angeboten, da ich den Rucksack zwischen diesen beiden Übernachtungen in meinem Zimmer lassen konnte. Diese Gegebenheiten ließen mich meine Aufenthalte in den Städten, wozu Gießen, Marburg, Kassel, Göttingen und Lauenburg zählten, als Erholung empfinden. Limburg zählt natürlich auch dazu, aber wie bereits erwähnt, zeltete ich dort außerplanmäßig auf dem Campingplatz. Die Erholung, die ich in den Städten empfand, zielte in erster Linie auf die körperliche Erholung. Meine Füße hatten keine weiteren Kilos zu tragen und ich war nicht nach wenigen Metern des Gehens schweißgebadet. Obwohl ich es sehr genoss, einige Tage in den Städten ohne Rucksack unterwegs zu sein, stand der Hochgenuss oder die Sinnesfreude beim Gehen an sich dem Bummeln und Schlendern ohne Rucksack in nichts nach. Die gebuchten Unterkünfte boten mir eine willkommene Sicherheit oder Gewissheit, mit der spontane Unterkünfte nicht auffahren konnten. Aber auch die spontanen Schlafgelegenheiten waren mir willkommen. Genau hier kommt das Vertrauen ins Spiel, welches ich eingangs erwähnte. Mein unbeirrbares Vertrauen im Begegnen der passenden Schlafgelegenheit. An all den Tagen, an denen ich morgens noch nicht wusste, wo ich abends sein würde, war es mir möglich, mit einem tiefen Vertrauen zu gehen. Ich machte mir keine Sorgen und bei mir kamen auch keine unguten Gefühle auf, ob der Ungewissheit meines Schlafplatzes. Sich einmal diese Sorglosigkeit bewusst gemacht, war es ein sehr schönes, freies Gefühl. Auch wenn bereits der Nachmittag anbrach und die ersten Erschöpfungserscheinungen sich meldeten, war ich von einer unerschütterlichen innerlichen Gewissheit und Ruhe erfüllt, dass ich „meinem" Schlafplatz begegnen werde. Ja, ich würde meinem Schlafplatz begegnen – nicht finden! Denn Finden setzt ein Suchen voraus und ich hatte mich kaum suchend empfunden. Ich war der felsenfesten Überzeugung: Wenn ich die Dinge einfach laufen und auf mich zukommen ließe, dann werde ich am Ende des Tages immer irgendwo zufrieden einschlafen. Manchmal war mir der Ort oder der Platz, an dem ich nächtigen wollte, schon am Nachmittag begegnet. Es gab aber auch Tage, da kam dieses Zusammentreffen erst später zustande. Mitunter passierte es erst im zweiten oder dritten Anlauf. Wie einmal am Ende der vierten Woche an der Elbe. Mein Wunsch war, mein Zelt „wild" und so dicht es geht am Fluss aufzuschlagen.

Immer wieder gab es zwischen dem Deich und dem Wasser Abschnitte, von denen ich beim Vorbeigehen das Gefühl bekam, hier könnte ich mein Zelt aufschlagen. Viel Platz brauchte ich wahrlich nicht für meine unmöblierte Einraumbehausung, die mir ein Maximum an Flexibilität und Freiheit bot. Aber immer, wenn ich mich an diesen angelaufenen Plätzen niederließ, meinen Rucksack ablegte und die Umgebung auf mich wirken ließ, dann stellte sich aus unterschiedlichen Gründen nicht das Gefühl ein, welches

ich wollte, um das Zelt letztendlich auch aufzubauen. Einmal war es, weil zwei Angler sich in nicht weiter Ferne ansiedelten. Mir aber war nach Ruhe und Alleinsein. Vielleicht wollte ich auch einfach nur unbeobachtet das Zelt aufbauen? Immerhin tat ich damit etwas, was hierzulande verboten ist. Es wurde dann an diesem Abend ein Platz, der von meinem ursprünglichen Wunsch ein wenig abwich. Da es an diesem Abend sehr heftig zu stürmen begann, entschied ich mich, das Zelt an einem geschützteren Platz aufzustellen. Direkt an der Elbe war es so windig, dass ich Sorge hatte, das Zelt nicht aufgebaut zu bekommen. Ich zog mich dann einige Meter vom Wasser entfernt zwischen hohen Bäumen zurück. Ob das nun die bessere Idee war, ob der Gefahr, dass bei Sturm morsche Äste vom Baum fallen könnten? Aber auch hier half Vertrauen!

Dort schien es windstiller und es gelang mir relativ zügig, für das Zelt einen einigermaßen geraden Untergrund zu finden. An diesem Abend half neben Vertrauen auch noch der

Austausch von SMS mit einem Lieblingsmenschen, der mir schützende Gedanken sandte. Von diesen Gedanken gut beschützt, genoss ich die stürmischen Momente in meinem Zelt. Dieses trotzte den heftigen Windböen, und bevor ich während dieses Abenteuers einschlief, nahm ich nochmal wahr, wie frei und zufrieden ich mich fühlte.

Es gab weitere Erlebnisse, die meine vertrauensvollen Gedanken, dass mir mindestens Gutes widerfahren wird, festigten. Eines ereignete sich auch an der Elbe, wie schon meine stürmische Zeltnacht. Es kam am späten Nachmittag der Punkt, dass Ermüdungserscheinungen und Vertrauen nebenhergingen.

Meine Sinne halten sensibilisiert Ausschau nach „meiner" Schlafgelegenheit. In dieser Phase des Tages treffe ich auf einen Wagen, der unmittelbar am Deich steht. Nur der Radweg, auf dem ich unterwegs bin, schlängelt sich zwischen diesem nach offenen Lastkraftwagen aussehendem Gefährt und dem Deich.

Ich fühle mich eingeladen und betrete über die großzügigen Stufen das Innere des Wagens. Ein großer Kühlschrank beinhaltet erfrischende Getränke und ein beschriebener Zettel macht deutlich, was manch einem, der hier auf Reisen ist, wohl sehr gelegen kommt: „Radfahrer und Wanderer bedient euch und schmeißt 2 € in die Kasse. Danke."

Wie schön. Das Angebot nehme ich dankend und bezahlend an. Nicht nur, weil mein Bedarf nach kühlen, frischen Getränken fast immer gegenwärtig ist, sondern auch, weil ich damit diese willkommene Idee unterstütze.

In diesem Wagen werde ich meine Isomatte ausbreiten, denke ich, als ich mein erworbenes Bier-Limo-Gemisch leere.

Ich habe diesen Gedanken noch gar nicht ganz zu Ende gedacht, als ein Mann um die Ecke kommt, der seiner Kleidung nach im Begriff ist, Sport zu treiben. Er kommt vom Grundstück, welches direkt hinter dem Wagen liegt und mit einem pompös erscheinenden Haus bebaut ist.

„Ist das Ihre tolle Idee?", frage ich ihn. Bereitwillig erzählt er mir, wie es zu diesem Getränkewagen kam, bevor ich weiterfrage: „Bleibt der über Nacht offen? Ich würde gern meinen Schlafplatz dort einrichten. Wäre das okay?" Er zögert kurz, weil er gewöhnlicherweise den Wagen nachts zuschließt. „Sie können auch bei uns schlafen", schlägt er dann vor. Ich lasse verlauten, dass ich durchaus anspruchslos bin und kein Problem damit habe, mit dem Wagen vorliebzunehmen. Insgeheim habe ich vielleicht auch Sorge, dass mir ein Zimmer in dem Haus etwas kosten könnte. Der Mann aber scheint unkompliziert und bedeutet mir, ihm zu folgen. Auf dem Grundstück kommt uns schon seine Frau entgegen. Eine sehr freundliche Frau, an die er mich übergibt, weil er tatsächlich, wie es bereits seine Kleidung vermuten ließ, noch eine Runde joggen will. Es dauert nicht lange und diese Aneinanderreihung von glücklichen Zufällen führt mich in ein frisch bezogenes Gästezimmer des pompösen Hauses mit Hanglage. Dieses Zimmer, welches ich für die Nacht als „meins" bezeichnen darf, ist eine Art Antwort auf die Philosophie, dass es möglich sein muss, mit Vertrauen oder mit seinen Gedanken Dinge zum Guten zu wenden.

Die Hausbesitzer sind gastfreundlich, trotzdem ziehen sie sich schnell in ihre Wohnräume zurück. Sie hat noch zwei Koffer zu packen, denn beide Söhne würden am kommenden Morgen in eine Klassenreise starten. Er ist joggen und ich sehe ihn nie wieder. Beides stört mich nicht im Geringsten, denn auch an diesem frühen Abend verspüre ich, wie so oft, Lust mit mir allein zu sein. Die nette Frau gestattet mir noch, bei Bedarf den Pool zu nutzen und legt mir frische Handtücher in das kleine Bad, welches zum Gästezimmer gehört und mir ebenfalls zur freien Verfügung steht. Der Pool befindet sich auf dem großen Grundstück, welches sich hinter dem Haus ausbreitet. Sogar ein eigenes Volleyballfeld gehört dazu. Zufrieden, glücklich und vertrauend lasse ich meine Füße noch eine Weile im kühlen Wasser des Pools baumeln, bevor ich mich dann in „mein"

Zimmer zur ersehnten Nachtruhe begebe.

Diese Nachtruhe wird einmal unterbrochen. Ich vernehme draußen ein grobes Kratzen am Holz der Terrassentür, die ich lediglich geschlossen, aber nicht zugeschlossen habe. Ein lautes, grobes Kratzen, von dem ich mir sicher bin, dass eine Katze nicht in der Lage ist, einen derartigen Lärm zu verursachen. Plötzlich schnellt die Tür auf, ein Etwas läuft an meinem Bett vorbei zur Zimmertür, welche die Verbindung zu den übrigen Wohnräumen darstellt. Ehe mein Schlaf durch einen Wachzustand abgelöst wird, der es mir ermöglicht, Dinge um mich herum wahrzunehmen und zuzuordnen, ist dieses Etwas auch schon durch die andere Zimmertür verschwunden, nachdem auch diese mit einem Kratzen bearbeitet wurde. Für dieses Etwas scheinen geschlossene Türen kein Hindernis zu sein. Ich sitze senkrecht im Bett, erschrocken von diesem plötzlichen, sekundenschnellen, lauten Szenario. Dank funktionierender Synapsen dauert es nur wenige Augenblicke und mir wird klar, dass das, was da eben die Terrassentür geöffnet hat, dann an meinem Bett vorbeilief, um auch die andere Zimmertür zu öffnen, um in die obenliegenden Wohnräume zu gelangen, ein Hund war. Ich hatte ihn wenige Stunden zuvor bereits bei meiner Ankunft gesehen. Ein großes Tier, kurz vor Kalb oder Fohlen. Ich schließe beide Türen wieder und hoffe, dass der Hund für die Restnacht drinnen bei Frauchen und Herrchen bleibt. Am nächsten Morgen, der Hund war nicht zurückgekommen, verlasse ich das Haus als Erste. In dem Gästezimmer hatte ich Zettel und Stift ausfindig gemacht und noch ein paar Zeilen des Dankes an die gastfreundlichen Hausbewohner hinterlassen.

Erinnerungswürdig scheint mir auch meine Übernachtung am überdachten Kiosk eines Freibades in Felsberg an der Eder. Ich habe den Tag weitgehend hinter mir gelassen. Er ist gefüllt mit herzlichen Begegnungen und Gesprächen, die ich als nährend bezeichnen würde. Mein Gefühl, bereit für meinen Schlafplatz zu sein, stößt mit einem Campingplatz zusammen, der mit einer direkten Verbindung zu einem Freibad gelegen ist. Ich lasse mir den Platz zeigen, an dem ich mein Zelt aufschlagen darf. Der mir zugewiesene Platz lässt den angrenzenden Campingplatz nur erahnen. Ein wenig abseits von all den Wohnwagen und -mobilen, dafür sehr dicht am Schwimmbecken und in unmittelbarer Nähe zu den Waschgelegenheiten darf ich mein Zelt aufbauen. Ich erhalte einen Schlüssel, mit dem auch nachts die Waschräume und Toiletten des Freibades für mich zugänglich bleiben. Ausdrücklich informiert man mich, dass es strikt verboten ist, außerhalb der Öffnungszeiten des Freibades die Schwimmbecken zu nutzen. Gleichzeitig lässt der Platzwart durchblicken, dass eine Kontrolle kaum möglich sei. Ich gebe mich regelkonform, zumal ich dem Element Wasser eh nicht so zugetan bin.

Am Himmel zeichnet sich bereits ab, was ich um mich herum an Gesprächsfetzen schon am Tage aufgeschnappt habe: Abends und in der Nacht soll die Region von einem schweren Gewitter heimgesucht werden. Ich versuche vorerst, dieser Voraussage nicht allzu viel Bedeutung beizumessen, und baue mein Zelt auf. Zugegeben: Mit prüfenden Blicken gen Himmel, wo sich einige Wolken auftürmen, während der eine oder andere Regentropfen bereits den Weg zu mir findet.

Das Freibad hat inzwischen offiziell geschlossen. Nur noch am Kiosk sitzen zwei Männer und eine Frau unter einem schützenden Schirm. Sie läuten offensichtlich ihren Feierabend bei einem gemütlichen Glas Bier ein. Neidisch blicke ich zu ihnen hinüber. Nicht wegen des Bieres, vielmehr wegen des kleinen überdachten Vorplatzes ihrer Verkaufsstelle. Der Gedanke, dem Gewitter relativ schutzlos ausgeliefert zu sein, missfällt mir. Ich kann wegen fehlender Erfahrung nicht abschätzen, was mein Zelt imstande ist, an Nässe von mir fernzuhalten. Wie schön muss es sein, im Falle des Falles irgendwo in der Nähe Schutz finden zu können! Getrieben von dieser Vorstellung gehe ich zu den drei mir fremden Menschen und unterbreche ihren geselligen Geschäftsschluss.

„Hallo, guten Abend. Gehört Ihnen der Kiosk?"

Ein Mann fühlt sich besonders angesprochen. Er ist wohl der Besitzer.

„Falls das Gewitter kommt, könnte ich mich dann mit meinen Sachen hierher zurückziehen, damit sie nicht alle nass werden?", richte ich meine Frage an den Zuständigen.

„Kein Problem! Solange ich morgen alles so vorfinde, wie ich es hinterlasse – kein Problem!" Dankbar und beruhigt gehe ich wieder zu meinem Zelt. Nach kurzer Zeit ist kein ausgelassenes Gespräch am Kiosk mehr zu hören. Auch die drei scheinen das Gelände verlassen zu haben.

Kurzerhand entscheide ich mich, nicht auf das Unwetter zu warten. Mit Sack und Pack ziehe ich um unter das Vordach vom Kiosk.

Der Regen kann kommen. Ich habe ein festes Dach über meinen Kopf, dafür einen eher harten, unbequemen Betonfußboden unter mir. Aber man kann halt nicht alles haben!

Es sollte nicht lange dauern, bis wieder eine Unterkunft meine Vermutung bestätigt: Die Kraft der Gedanken wird gemeinhin unterschätzt. Es ist in der letzten Woche, konkret mein 30. Tag, an dem ich am Morgen aus Lauenburg starte. Für meine letzten Tage entscheide ich mich, viele Kilometer am Elbe-Lübeck-Kanal zu gehen, mit Aufenthalt in Mölln und Abstecher nach Ratzeburg. Eine gute Entscheidung, wie ich auf dem Weg feststelle. In weiten Abschnitten führt der Radweg, auf dem ich unterwegs bin, unmittelbar am Kanal entlang. Dieser ist auf beiden Uferseiten oft von Bäumen und Büschen eingefasst, dass mich diese Wasserstraße eher an einen natürlichen Fluss erinnert als an einen Kanal. Ich weiß nicht wieso, aber mit „Kanal" bringe ich eher Beton als Natur in Verbindung. Ob es mit einem kindlichen Erlebnis zu tun hat? Bei

dem Wort „Kanal" stellt sich nämlich bei mir die unliebsame Erinnerung an den damaligen Heimat- und Sachunterricht in der Grundschule ein. Gefühlt hatten wir ein ganzes Schuljahr nur über den – aus meiner damaligen Sicht – stinklangweiligen Nord-Ostsee-Kanal gesprochen. Und wenn nicht darüber, dann über Watt, Priele, Halligen und

Deiche. Meinetwegen hätten wir auch über die Wüste Gobi sprechen können, die schien mir vergleichbar fern.

Es ist ein hartnäckiges Vorurteil, dass Kinder, die zwischen den Meeren groß werden, ein ausgeprägtes maritimes Interesse in den Genen haben. Wenn man wie ich als Schleswig-Holsteiner Kind sich Wald und Wiesen verbunden fühlt anstatt Watt und Würmern, dann kann eben erwähnter Unterricht traumatisieren. Der Elbe-Lübeck-Kanal hat zwar das für mich unschöne Wort „Kanal" im Namen, jedoch bleiben bei den Aus- und Anblicken, die mir eben diese Wasserstraße bietet, sämtliche negative Assoziationen und Gefühle im Verborgenen. Mit dem Einsetzen des Regens am Mittag wird mir bewusst, wie wenig Regen ich bisher auf meinem Weg abbekommen habe. Es sollte der erste Tag werden, an dem ich das Regencape nicht nach zwanzig Minuten wieder ausziehe, um es von den warmen Sonnenstrahlen binnen kürzester Zeit wieder trocken zu lassen. Nein, auch nach drei Stunden habe ich den klebrigen Poncho nicht grundlos an! Mit meinen ersten Erschöpfungserscheinungen an diesem Tag beginne ich, nach meinem Schlafplatz Ausschau zu halten. Wegen des Wetters wünsche ich mir eine feste Unterkunft. Diese findet sich aber vorerst nicht und meine Füße verlangen schmerzhaft nach Feierabend. Das Erste, was mir begegnet, ist der Wegweiser zu einem Campingplatz. Ich horche in mich hinein, um zu schauen, was der Gedanke, eventuell doch bei Regenwetter mein Zelt aufzubauen, mit mir macht. Kein schöner Gedanke, aber es steht 2:1 – meine Füße gegen mich! Ich weiß jetzt, in dem Augenblick des Schreibens, noch haargenau, dass auch in dieser Situation mir ein kaum zu beschreibendes Vertrauen innewohnte. Ich war auf dem Weg zum Campingplatz, fand mich damit ab und akzeptierte die Wahrscheinlichkeit, dass ich im Regen mein kleines Zelt aufschlagen würde. Ich machte einen Schritt nach dem anderen und ein ganz sicheres, zweifelloses Gefühl begleitete mich dabei. Es vermittelte mir, dass ich gelassen bleiben könne, da alles nach meinen Vorstellungen laufen werde.

Ich erreiche den Zeltplatz und eine sehr nette Frau empfängt mich.

„Ein, wenn auch provisorisch, überdachter Platz für mein Zelt wäre wunderbar", lasse ich meinen Wunsch erkennen.

„Ich schau mal, was sich machen lässt. Ich hätte da eine Idee …", erwidert sie und verweist mich an Kalle. Kalle ist der Platzwart. Ein etwas rundlicher, älterer, hilfsbereiter Herr. Genauso, wie ich mir Platzwarte auf Zeltplätzen schon immer vorgestellt hätte, wenn ich sie mir vorgestellt hätte.

Er führt mich zu einem Abschnitt des Campingplatzes, auf dem ein unbeschreiblich schöner Bauwagen steht. Im Stil von Peter Lustig. Löwenzahn, ihr wisst schon! Meine Augen weiten sich. Was ist das? Wie urig und abenteuerlich! Begeisterung pur! Etwas abseits steht noch ein älterer Wohnwagen, den mir Kalle zum Schlafen anbietet. „Und was ist mit dem?", frage ich Kalle und zeige auf den von mir entdeckten Peter-Lustig-Wagen.

„Ach, der ist noch nicht gereinigt, da haben letzte Nacht Kinder drin geschlafen, aber der Wohnwagen ist sauber und auch etwas billiger."

„Ich brauche keine gereinigte Unterkunft. Ich nehme den da. Darf ich?" Ich kann meinen Blick kaum abwenden von dem Bauwagen, so fasziniert mich der Anblick.

Kalle ist einverstanden. Auch damit, dass ich die Übernachtungskosten noch ein wenig runterdrücke, immerhin spart er sich eine Reinigung. Wir haben einen guten Umgangston und schnell bekomme ich den Eindruck, dass Kalle in seinem Element ist: hilfsbereit und gönnerhaft! „Möchten Sie morgen früh frische Brötchen? Ich bringe Ihnen welche mit", setzt sich seine Hilfsbereitschaft fort, während er mir die Schlüssel der Glücksunterkunft übergibt. Ich richte mich in dieser gemütlichen, hölzernen Behausung ein und kann mein Glück kaum fassen. Ganz bewusst hole ich mir meine Gedanken der letzten Kilometer wieder in den Sinn und fühle mich mit diesem Bauwagen bestätigt: Die Kraft der Gedanken ist nicht zu unterschätzen.

Ich wurde beschenkt. Und das, ohne etwas dafür geleistet zu haben, als zu vertrauen. Und je öfter ich dieses Gefühl im Laufe meines Nach-Hause-Gehens habe, desto mehr wächst eine Vorstellung in mir, die sich vor dem Gehen schon in mir breitgemacht hatte: Menschen kommen auf die Welt, um Schönes und Gutes zu erfahren. Es geht dabei nicht um Überheblichkeit, egoistisches Raffen oder Gier. Es geht um die Abschaffung des Irrglaubens, dass Menschen sich Dinge oder auch das Glücklichsein „verdienen" oder „erarbeiten" müssen. Ich bin überzeugt davon, dass man auch mit bescheidener Dankbarkeit und ohne Anstrengung davon ausgehen darf, dass einem Gutes zusteht. Für mich steckt kein Widerspruch in dem Satz. Mit bescheidener Dankbarkeit oder dankbarer Bescheidenheit davon ausgehen, dass einem Gutes oder gar das Beste widerfahren wird.

Bescheidenheit halte ich für eine wertvolle und sympathische Eigenschaft. Jedoch möchte ich sie entgegen mancher Beobachtung, wie ich sie ab und zu mache, gern anders umsetzen. Die Zurückhaltung, Ablehnung, Nicht-Inanspruchnahme oder gar der Verzicht von Dingen, die einem zustehen oder guttun würden, gilt als „schick". Die suggestive Wirkung ist, dass manche Menschen glauben, dreist, gierig oder egoistisch zu sein, wenn sie etwas für sich beanspruchen. Schlimmstenfalls noch etwas, was überhaupt keinen „Nutzen" hat, außer dass es ihrer Seele guttut. Ich aber komme mehr und mehr zu der Denke, dass Gutes nur darauf wartet, Menschen zu widerfahren. Vielleicht widerfährt es auch nur denen, die sich dafür öffnen oder sich dafür entscheiden? Wer weiß?

Diese Gedanken erfüllen mich, als ich anfange, den Bauwagen für eine Nacht als „meinen" Bauwagen anzunehmen. Er tut mir gut. Ich finde die Begegnung von mir und dem Bauwagen gerecht, ohne dass meine Dankbarkeit geschmälert wird. Er ist nach meinem Empfinden das Beste, was mir am Ende dieses schönen, vertrauensvollen Tages passieren konnte.

Einladung zum Grillen

„Nichts ist schwerer zu ertragen, als Reißverschluß auf vollen Magen."

Kalenderspruch

Manchmal scheint man zur richtigen Zeit am richtigen Ort zu sein. Davon bin ich einmal mehr überzeugt, als ich nach einem schönen Tag anfange, nach meinem Schlafplatz Ausschau zu halten.

Ich befinde mich in einem Dorf zwischen den Flüssen Lahn und Eder. Das Hinweisschild zur Kirche im Ort ermuntert mich, diese aufzusuchen. Ist die Kirche nicht ein Ort der Einkehr und des Schutzes? Sie wird mir sicher die Tore öffnen für eine unvergessliche Nacht inmitten hölzerner Kirchenbänke.

Weit gefehlt. Verrammelt und verriegelt! Die Annahme, dass eine Kirche jederzeit für jedermann oder jederfrau zugänglich ist, entspringt wohl mehr meiner Wunschvorstellung als der Realität. „Wenn Jesus das wüsste! Das hätte er bestimmt nicht gewollt!", bemerke ich noch und gehe dann weiter meines Weges.

Viel später, als ich im Wendland unterwegs bin, erlebe ich eine ähnliche Situation:

Nachdem ich an einem kleinen Gästehaus geklingelt habe, welches an der Pforte ein Schild mit der Aufschrift „Zimmer frei" befestigt hat, öffnet eine nett wirkende Frau meines Alters die Tür. Ich frage nach dem freien Zimmer. „Oh, das ist belegt", entgegnet sie mir. „Aber dort steht ‚Zimmer frei'!", erwidere ich und zeige auf ihr Schild an der Pforte. Kurz nach Worten suchend erzählt sie mir, dass sie nur vergessen habe, es wegzunehmen. „Vergessen?", wiederhole ich. Ich glaube ihr kein Wort. Aber das spielt keine Rolle. Sie will das Zimmer nicht an mich vermieten – basta! Ich verabschiede mich freundlich und denke noch: „Blöde Kuh!". Bösartig ist es nicht gemeint – ich bin doch selbst auch manchmal eine blöde Kuh. Ich denke es auch nur kurz, wirklicher Groll entsteht nicht. Warum auch? Für so ein negatives Gefühl bin ich viel zu ausgeglichen und zufrieden. Außerdem ist es ihr gutes Recht und sie hat wahrscheinlich sogar ein oder zwei Gründe, mir das Zimmer nicht zu überlassen. Vielleicht wirke ich ungepflegt? Mein Anblick lässt nicht unbedingt vermuten, dass ich trotz der simplen Gegebenheiten täglich meine Zähne putze. Vielleicht bevorzugt sie mehrtägige Vermietungen? Vielleicht aber auch, die Möglichkeit kann ich nicht ausschließen, hat sie tatsächlich nur vergessen, das Schild zu entfernen. Abhaken! Weiter suchen! Frei nach der Lebensweisheit, die so oder so ähnlich besagt:

> „Glücklich ist, wer vergisst,
> was nicht mehr zu ändern ist!"

Einige Straßen weiter erblicke ich eine Kirche, die sich in der Dorfmitte auf einer leichten Anhöhe erhebt. Ein schöner Anblick. Mir kommt die Situation vom Ort zwischen Lahn und Eder wieder in den Sinn. „Na, Jesus, wollen wir mal schauen, wie das hier im Wendland läuft!". Leider ist auch diese Kirche, die mich vor dem angekündigten Regen in der Nacht schützen soll, verschlossen. Auf dem Rasenplatz vor der Kirche steht eines dieser weißen Partyzelte. Wenigstens etwas. Wie es sich mir wenig später erschließt, wurde es bei einer Musikveranstaltung in der Kirche am Vortag genutzt und noch nicht abgebaut. Mein Glück! Unter besagtem Partyzelt und vom nahen Gotteshaus fühle ich mich hinsichtlich des Unwetters, welches dann doch nicht kommen sollte, gut beschützt.

Aber zurück in das Dorf zwischen Lahn und Eder.
Am Ortsausgang lädt eine Wiese zum Zeltaufbau ein. Der umlaufende Zaun und ein großes Stahlgatter lassen vermuten, dass dieses Stück Land zum angrenzenden Bauernhof gehört. So ist es auch, wie ich bei meiner Nachfrage erfahre, die ich an eine Frau richte, die anscheinend zum Hof gehört. Die Familie, wozu eben erwähnte Frau, ihr Mann und ihre Schwiegermutter gehören, überlässt mir nicht nur bereitwillig den Platz zum Zelten. Zudem laden sie mich zum Grillen ein, welches sie wenig später auf einem Rasenstück mit Nachbarn beginnen wollen. Ich bin sehr angetan von der Nettigkeit dieser Leute und schlage ihre Einladung nicht aus.

Obwohl ich gegen Abend immer sehr erschöpft bin und der Gedanke an eine feiernde Menschenmenge mir nicht wirklich behagt. Dafür behagt mir der Gedanke an ein gegrilltes Stück Fleisch umso mehr.

Sehr zu meiner Begeisterung ist die von mir befürchtete feiernde Menschenmenge lediglich eine überschaubare Gruppe von sieben Menschen, davon zwei Kinder, und ein Hund. Der Sohn, Carlo, nähert sich mir vor dem Grillen bereits zaghaft und fragt, ob er mir beim Zeltaufbauen helfen dürfe. Na klar! So baue ich mein kleines Zelt das erste und einzige Mal im Urlaub mit tatkräftiger, männlicher Unterstützung auf. Ein netter, freundlicher Junge.

Beim Grillen geselle ich mich die meiste Zeit zur alten Schwiegermutter, die mich einlädt, sie Oma Gretchen zu nennen. Ich wiederum ermuntere sie durch Fragen, ein wenig aus ihrem Leben zu plaudern. Ich erfahre von ihrem verstorbenen Mann, von der Landwirtschaft, die sie betrieben, und von der Entscheidung des Sohnes Peter, die Landwirtschaft nicht weiter aufrechtzuerhalten.

Ich mag alte Menschen – ich kann nicht anders.

Satt und dankbar verabschiede ich mich einige Zeit später von der Familie und ihren Nachbarn. Als ich in mein Zelt krieche, denke ich noch bei mir: Manchmal ist man einfach zur richtigen Zeit am richtigen Ort!

Bierglas und Glücksmomente

„Die höchste Form des Glücks ist ein Leben mit einem gewissen Grad an Verrücktheit."

Erasmus von Rotterdam (1466–1536),
niederländischer Theologe, Priester und Autor

Sehr lebhaft habe ich eine Begebenheit in Erinnerung, die mich ahnen ließ, dass es XXL-Glücksmomente in eh schon vorhandenen Glückgefühlen geben muss.

Ich erreiche Göttingen an einem – wie so oft – heißen Tag. Am Morgen habe ich meine Unterkunft „klargemacht". Es wurde ein günstiges Hostel, welches über Zentrum- und Bahnhofsnähe verfügt. Da ich Göttingen noch nicht kenne, habe ich dort zwei Nächte gebucht, um mir die Stadt tagsüber ohne Rucksack ein wenig anschauen zu können. Noch größer als meine Lust, die Stadt auf mich wirken zu lassen, ist mein Ruhebedarf. Zum einen benötigen meine Füße dringend eine Verschnaufpause und außerdem kündigt sich meine Regel an, was mich „regel"-mäßig zu einer Frau werden lässt, die ein gemütliches Bett und ein komfortables Badezimmer in ihrer Nähe wissen möchte, um sich dann, ähnlich wie ein Igel es für den Winterschlaf macht, zurückzuziehen. Außerdem hadere ich ein wenig mit mir. Eine liebe Freundin aus dem Wendland, der ich auf jeden Fall auf meinem Nach-Hause-Weg einen Besuch abstatten will, hat mich darüber informiert, dass eben dieser Besuch in den kommenden drei Tagen besonders gut passen würde. Ihr Mann sei geschäftlich unterwegs, was einem ruhigen, gemütlichen Austausch unter Frauen sehr entgegen kommt. Ich habe große Lust auf das Wiedersehen, gleichwohl es für mich bedeutet, dass ich mich für eine längere Etappe in den Zug setzen müsste. Das Wendland ist eben keine Nachbargemeinde von Göttingen. Und genau diese Tatsache lässt mich hadern. Ich denke an mein Vorhaben, den Weg zu Fuß zu gehen. Von Koblenz zu Fuß nach Hause. Das war eigentlich meine Idee. Würde eine Bahnetappe meinen Plan zunichtemachen? Würde sich mein Vorhaben in Nichts auflösen? Wären all meine Ideen zu meinem Nach-Hause-Gehen nur Schall und Rauch? Würde ich glücklich damit sein, nicht ausschließlich gegangen zu sein?

Diese und andere Fragen gehen mir durch den Kopf, als ich ohne Rucksack durch Göttingens Straßen schlendere. Mein Ruhebedarf setzt sich bereits am Nachmittag durch. Es zieht mich auf mein Zimmer, welches vom Hostel zum zauberhaften „Turmzimmer" ernannt wurde, weil es ganz oben liegt. Auch wenn der Name einen märchenhaften Anschein erwecken mag – die Realität ist wesentlich schlichter. Beim Blick aus dem offenen Fenster sehe ich Baukräne anstatt fest im Sattel sitzende Ritter.

Ich nehme mir noch „Die Zeit" und einen Kaffee mit hoch

und genieße sage und schreibe drei Stunden am Stück genüssliches Zeitunglesen im Bett. Ich habe noch nie in meinem Leben zuvor drei Stunden am Stück eine Zeitung in solch ausgelassener Ruhe und Entspanntheit durchgelesen, wie ich es an diesem Nachmittag in Göttingen oben in meinem Turmzimmer getan habe. Auch ermöglicht mir dieser Nachmittag, mir klarer zu werden in meiner Grübelei wegen der Bahnfahrt.

Ich komme zu dem Schluss, dass für mich eines noch höhere Priorität hat, als den Weg komplett zu Fuß zurückzulegen. Nämlich, dass diese Zeit für mich in erster Linie eine einzigartige Zeit ganz nach meinem Geschmack werden soll. Wenn ich auf die Wochen, die hinter mir liegen, zurückblicke, kann ich sagen, dass mir das auch sehr gut gelungen ist. Und Gleiches will ich für die vor mir liegenden Wochen sagen. Kein Krampf! Einfach nur in mich hineinhorchen, fühlen und machen! Ich bin frei und ungebunden in meinen Entscheidungen, in Spontaneität schon ein wenig trainiert, ausgehungert nach tiefsinnigen Gesprächen und außerdem bekomme ich meine Regel – verdammt nochmal! Somit wird mir klar, klarer, am klarsten: Ich will schnellstmöglich ins Wendland.

Erleichtert über und beschwingt durch das gute Gefühl, welches mir meine Entscheidung verleiht, gehe ich gegen Abend nochmal hinaus. Am Bahnhof besorge ich mir für den nächsten Morgen ein Ticket in die Hansestadt Uelzen, von wo aus ich meine geschätzte Freundin trampend und gehend erreichen werde. Dann suche und finde ich ein ansprechendes Lokal, um etwas gegen meinen Hunger zu tun. Zeitgleich will ich auf mein Bahnticket, meine Freiheit und meine Zufriedenheit anstoßen. Ich bestelle ein Bier. Alkoholfrei. Während meiner Reise habe ich keinen Bedarf nach Alkohol. Das wundert mich selbst und in dem Moment des Schreibens dieser Zeilen wundert es mich noch viel mehr. Aber für alkoholhaltige Getränke ist es mir oft viel zu heiß und außerdem komme ich zu der Erkenntnis, dass mir Alkohol in geselliger Runde oder zumindest kuscheliger Zweisamkeit besser schmeckt.

In diesen zufriedenen Augenblick hinein, der auch voller Vorfreude auf den Besuch bei meiner Freundin im Wendland ist, kommt mir der Gedanke, dass ich das Bierglas, aus welchem ich gerade trinke, als Souvenir mit nach Hause nehmen könnte. Das ist ein Tick von mir, der nicht erst durch Göttingens Glücksgefühle entsteht. Seit Jahren schon sammele ich Biergläser, aus denen ich in erinnerungswürdigen Augenblicken getrunken habe. Ich nehme sie nie ungefragt mit, sondern bitte darum und bin auch stets bereit, für meinen Tick einen Obolus dazulassen. Das ist er, mein Tick, mir wert.

Ich erinnere mich sehr gut und ebenso gerne an meine ausgesprochene Glückseligkeit, als das Bierglas aus Göttingen, welches Glas Nr. 27 wurde, in meinen Besitz überging. Zukünftig wird es ab und an aus meinem Schrank geholt, mit kühlem Bier oder Alster gefüllt werden und ich werde dabei andächtig an diesen für mich besonderen Tag zurück-denken. Der Tag, an dem ich ahnte, dass es ein XXL-Glücksmoment innerhalb eines eh schon vorhandenen Glücksgefühls geben musste.

Es beginnt bei mir

„Wer die Welt bewegen will, sollte erst sich selbst bewegen.“

Sokrates (469–399 v.Chr.),

griechischer Philosoph

Am Morgen dieses Tages habe ich mich aus Viehle an der Elbe in Richtung Bleckede auf den Weg gemacht. Ich erreiche Bleckede in der mich so oft begleitenden ausgeglichenen, glücklichen und inneren ausgeruhten Stimmung am späteren Vormittag und werde gleich mit einem sehr netten Gespräch beschenkt. In der Bäckerei, in der ich für ein Frühstück einkehre, gesellt sich ein sympathischer Herr zu mir. Eigentlich gesellt er sich gar nicht zu mir, viel mehr wählt er mit seinem Kaffee einen Stehtisch ganz in meiner Nähe. Ich hingegen sitze an einem Tisch, an dem ohne Probleme vier Leute Platz finden können. Mein Rucksack scheint eine sehr einnehmende, raumfüllende und somit vielleicht ausladende Wirkung zu haben. Ich fühle Unbehagen bei dem Gedanken, so viel Platz für mich allein zu beanspruchen und vielleicht sogar die gleiche Wirkung zu hinterlassen wie mein Rucksack. Anhand eines unaufdringlichen Blickes des Mannes glaube ich zu erkennen, dass auch er die Platzverschwendung wahrgenommen hat.

„Wenn Sie mögen, können Sie gern hier Platz nehmen", biete ich dem Mann am Stehtisch an. Dieses Angebot nimmt er dankbar und freundlich an. „Ich wollte nicht aufdringlich sein. Wenn ich Sie und den Rucksack so anschaue, kann ich mir vorstellen, dass Sie vielleicht lieber allein frühstücken würden."

Mich beeindruckt die charmante, einfühlsame und freundliche Art und Weise des Mannes. Das ist was für mich! Eine gute Grundlage für ein Gespräch, finde ich. Er erzählt von seinem Reiterhof, den er ganz in der Nähe führt, und ich erfahre von seinem Traum, den er sich bisher noch nicht erfüllt hat. Sein Wunsch ist es, ins damalige Ostpreußen zu reiten. Er erzählt von den vielen Menschen, die vor Kriegsende 1945 aus Ostpreußen flohen. Es war Januar, Schnee verwandelte das Land in eine weiße, eisige Wüste und das Thermometer sank bis auf minus 25 Grad. Viele der Flüchtlinge überlebten das nicht. Mir scheint, als würde er mit diesem Ereignis persönlich verbunden sein. Hat er Eltern, die ihm als Überlebende davon erzählten? Er selbst kommt mir nicht so alt vor, als dass er selbst dabei gewesen sein könnte. Sicher scheint, dass dieses Ereignis seinen Wunsch formte, diese Route einmal im Leben mit dem Pferd zu reiten – wobei er einräumt, dass er dazu eine mildere Jahreszeit bevorzugen würde als den Winter.

Als sich unsere Begegnung dem Ende nähert, ermutige ich ihn, seinen Wunsch nicht in allzu weite Ferne zu schieben. Wer weiß schon, wie viel Zeit uns für unsere Wünsche und Ziele bleibt?

Mein Weg führt mich in die St. Jacobi Kirche von Bleckede. Hier begegne ich einem Text, der ursächlich für weitere meditative Gedanken ist.

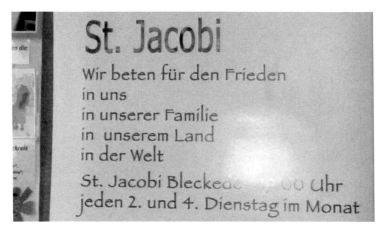

St. Jacobi
Wir beten für den Frieden
in uns
in unserer Familie
in unserem Land
in der Welt
St. Jacobi Blecke... ... Uhr
jeden 2. und 4. Dienstag im Monat

Obwohl das Schild das Wort „beten" beinhaltet, was mich persönlich nicht so anspricht, löst der verbleibende Text intensive Gedanken aus. Er ist so schlicht und gleichzeitig so gewaltig in seiner Aussage.

Während ich vom Beten kein Gebrauch mache, weil es für mich eine religiöse Geste darstellt, über die ich mit Gott in Verbindung treten kann, fühle ich mich der gedanklichen Konzentration, dem Vertrauen und meinetwegen auch dem Glauben, sehr zugewandt. Damit meine ich aber nicht den religiösen Glauben, sondern vielmehr den Glauben an oder das Vertrauen in das Gute und die Kraft. Die Kraft, die in einem selbst ist, und den Glauben an die Kraft der Gedanken. Weiter an die Kraft der Natur und die Kraft der Gemeinschaft.

Den Glauben an eine Gottheit kann ich derzeit nicht mit

mir vereinbaren und ich spüre schon seit längerem, wie es mich stört, dass Religionen für sich eine Art Richtigkeit oder eine sogenannte Lehre des Wahren in Anspruch zu nehmen scheinen.

Ich wechsele also bei dem Schild die Worte „beten für" einfach durch die Worte „glauben an" oder „vertrauen in" aus und somit wird die Aussage für mich zu einer runden Sache. Auch das Wort „finden" wird für mich zu einem sehr stimmigen Tausch:

Wir finden den Frieden
In uns
In unserer Familie
In unserem Land
In der Welt

Was ich so gewaltig an diesen schlichten Zeilen finde, ist die Reihenfolge. Sie wirkt fast unwillkürlich, beinahe zufällig. Jedoch beim wachen Aufnehmen der Satzteile und der Reihenfolge wird auch mir bewusst, dass es nur so funktionieren kann.

Was ist überhaupt Frieden? Aus dem Althochdeutschen „fridu" abgeleitet, was so viel bedeutet wie Schonung und Freundschaft, fasst Wikipedia es so zusammen: „Frieden ist allgemein definiert als ein heilsamer Zustand der Stille oder Ruhe, als die Abwesenheit von Störung oder Beunruhigung und besonders von Krieg."

Weiter, finde ich, beinhaltet Frieden die Harmonie und die

Einigkeit. Und da beginnt meiner Meinung nach die Krux. Es gibt Menschen – und ich glaube, es sind viele –, die den heilsamen Zustand der Harmonie, des inneren Friedens nicht haben. Ich behaupte: Jeder kann ihn erreichen – man muss sich dafür nur auf den Weg machen. Nicht auf den Weg von Koblenz nach Hause und auch nicht nach Sonstwo, sondern auf den Weg zu seinem Inneren. Zu den Prägungen, den Verletzungen, den Ängsten, den Glaubenssätzen und zu den negativen Überlieferungen aus frühester Kindheit. Aber auch zu seinen Stärken und zu seiner Berufung, die jedem Einzelnen aufzeigen können, wozu er oder sie hier auf der Erde ist. Je mehr ich das Zurückliegende annehme und mit mir ins Reine komme, desto weniger verlagere ich Negatives auf andere und desto mehr kann ich zu einem friedvollen Miteinander beitragen.

Nachbarschaften, Kollegenkreise und auch die Flüchtlingssituation bieten Beispiele für die nicht vorhandene Friedfertigkeit mancher Menschen. Sie lehnen ab, beschimpfen, hetzen, schwärzen an oder attackieren. Jedes dieser Verhaltensmuster hat seinen Ursprung in Ängsten und Defiziten, die wir aus unserem jüngsten Erleben mit uns herumschleppen. Davon bin ich überzeugt. Nur ist den Ablehnenden, Schimpfenden, Hetzenden, Anschwärzenden und Attackierenden dieses selten bis gar nicht bewusst. Fakt ist und bleibt aber: Der Großteil unserer Bevölkerung legt Menschenfreundlichkeit an den Tag – ich finde es wichtig, sich diese Tatsache immer wieder zu vergegenwärtigen.

Meiner Meinung nach ist es kein Verbrechen, ablehnende Gefühle zu haben. Dafür sollte sich niemand schämen und niemand sollte sich diese krampfhaft verbieten. Sie haben ihren Ursprung und es kann spannend und bereichernd sein, diesem auf den Grund zu gehen. Ab dem Punkt aber, an dem ich zulasse, dass eben diese Gefühle dazu führen, dass ich Verantwortlichkeit abgebe und mit Schuldzuweisungen ausgrenze, beschimpfe, attackiere oder mit anderen Verhaltensweisen der Mitmenschlichkeit den Rücken kehre, beginnt meiner Meinung nach die verwerfliche Tat. Zurück zu dem Schild in der St. Jacobi Kirche in Bleckede, welches von mir leicht abgewandelt lautet:

Wir finden den Frieden
In uns
In unserer Familie
In unserem Land
In der Welt

Den eben erwähnten inneren Frieden, den ich zu erlangen sehr erstrebenswert finde, den bin ich imstande auf meine Familie zu übertragen beziehungsweise den können meine Kinder sozusagen durch das Erleben als Überlieferung weitertragen. Eine Familie ist Bestandteil einer Gesellschaft und die Gesellschaft ist es, die für den Frieden im Land Sorge trägt. Fürsorge! Vorsorge! Nicht Sorge im Sinne von Befürchtung. Und wie könnte ein Land im friedvollen Miteinander leben, wenn in den einzelnen Bestandteilen, aus denen sich das Land zusammensetzt, den Menschen, kein Friede innewohnt? Hier meine ich nicht, oder nicht nur, die Abwesenheit von Krieg. Hier spreche ich zum Beispiel auch die Führungspersonen an, von denen manche von Machtgehabe oder Gier beherrscht sind und sich somit kaum mehr für Gerechtigkeit und Menschlichkeit innerhalb der Bevölkerung einsetzen können. Aus Landesoberhäuptern, denen die Außenwirkung und der eigene Vorteil zu wichtig sind, aus denen kann meiner Meinung nach nur sehr schwer ein friedvolles Land hervorgehen. Und wieder hat sich die Sache mit dem Frieden multipliziert oder schlimmstenfalls eben nicht – denn alle Länder dieser Erde bilden die Welt.

In der Kirche vor diesem Schild wird es mir erneut bewusst: Die Welt ist kein eigenes Konstrukt, welches ich von mir abkoppeln kann. Ich kann weder mich zurücklehnen und sagen: „Tja, die Welt ist schlecht und tickt nun mal so!", noch kann ich der Welt sagen: „Selbst Schuld, du dumme Welt, wenn du keinen Frieden hast!", weil, wenn ich die Kette zurückverfolge, Welt – Land – Familie – dann ist das letzte Glied der einzelne Mensch, also auch ich. Und wenn ich die Verantwortung abgebe, so tue, als hätte das alles nichts mit mir zu tun, und mich hinter Schuldzuweisungen verstecke, dann bedeutet es auch, dass ich ein wackeliges Fundament für den Frieden in Kauf nehme oder gar dazu beitrage.

Wie anmaßend erscheint mir in diesem Augenblick der Anspruch auf Frieden, ohne jedoch einen ersten ehrlichen Blick auf mich selbst zu werfen: auf den Neid, die Traurigkeit, die Eifersucht, die Scham, den Groll, die Angst, den Ekel oder die Unsicherheit. Ich werde den Frieden in mir nicht finden, wenn ich all diese Gefühle von mir weise und so tue, als beträfen sie mich nicht. Aber dieser innere Friede scheint mir notwendig, damit er sich vervielfältigen kann.

Ab Bleckede habe ich noch ein gutes Stück vor mir, bis ich mein Zuhause erreichen werde. Ein gutes Stück, um mir die hervorgebrachten, eben beschriebenen Gedanken mit Ruhe und Muße durch den Kopf gehen zu lassen.
Ich ahne, dass ich, was meinen inneren Frieden angeht, schon eine gewisse Wegstrecke hinter mir habe. Ich meine auch hier nicht die Strecke von Koblenz nach Bleckede, vielmehr meine ich meine zurückliegende persönliche Auseinandersetzung mit diesem Thema. Aber dennoch: Ich sehe mich noch nicht als „fertig" an, denke ich, und verlasse gut genährt mit einem schönen Gedanken die Kirche.

Ich finde den Frieden
In mir
In meiner Familie
In unserem Land
In der Welt

Verspielt am Deich

„Beim Spiel kann man einen Menschen in einer Stunde besser kennenlernen als im Gespräch in einem Jahr."

Platon (428/27–348/47 v.Chr.),

griechischer Philosoph

Am Morgen habe ich mein Quartier in Gorleben – allen Vorurteilen zum Trotze – völlig unverstrahlt verlassen. Gorleben kannte ich bis dato nur aus früheren Fernsehberichten über das ansässige Atommüllzwischenlager. Auch wenn ich damals noch ein Kind war, so sind die Nachrichten über die Demonstrationen der Anti-Atomkraft-Bewegung noch in Erinnerung. Für mich als Kind waren die Problematik um Atommüll und manch körperliche Auseinandersetzung zwischen Polizisten und Demonstranten nicht begreifbar. Umso erfreuter bin ich knappe vierzig Jahre später, nämlich auf meinem Nach-Hause-Weg, als sich mein Wissen dahingehend erweitert, dass Gorleben direkt an der Elbe liegt. Das hatte sich mir bis dahin nicht erschlossen. Gorleben war ein Begriff, ja, es stand für Atommüll und für Widerstand und irgendwie ahnte ich auch, dass es ein Ort sein müsste oder zumindest eine Region. Hätte ich aber auf einer Landkarte zeigen sollen, wo es liegt, wäre ich freiwillig lieber „Kreide holen gegangen".

Erfreut bin ich auch darüber, dass mein Weg an diesem Vormittag mein Bild von Gorleben völlig umkrempelt. Von nun an werde ich diesen Ort auch mit sehr schöner Natur und herzlich netten Menschen, wie ich sie in meinem Quartier am Vorabend erlebte, in Verbindung bringen können. Ich habe wiedermal – wie eigentlich immer – Freude am Gehen in der Natur. Ob die vielen Schmetterlinge, die um mich herum in gro-ßer Anzahl und bunter Vielfalt flattern, einen Anteil an meiner aufkommenden Spielfreude an dem Tag haben? Zumindest sehen deren unruhig wirkende Flügelbewegungen mit ruckartigen Richtungswechsel aus meiner Sicht ein wenig nach Spielen aus und das steckt mich wahrscheinlich an. Zum Beispiel mache ich mir ein Spiel daraus, als ich bemerke, dass die kleinen Schilder, die die Deichkilometer angeben, ab und an den Geburtstag eines mir wichtigen Menschen zum Besten geben.

Zuerst begegnet mir der Geburtstag meines Bruders. Ein paar Kilometer weiter stoße ich auf die Anzeigen, die die Wiegenfeste meiner Töchter darstellen. Das Schild mit der 28.4, der Geburtstag meiner Mutter, befindet sich leider in

einem Baustellenbereich und ist zurzeit abmontiert. Und meines Vaters Ehrentag wäre bei Kilometer 6 zu finden, doch ich war erst später auf die Elbe gestoßen. Lediglich alle 200 Meter gibt es ein Kilometerschild, was zur Folge hat, dass es nie eine ungerade Zahl hinter dem Komma gibt. Das wiederum bringt mit sich, dass mir andere wichtige und sogar mein eigener Geburtstag nicht begegnen. Also fühle ich mich ermuntert, zu meinen weiteren Geschwistern eine andere Gedankenbrücke zu finden. Wenn auch die Bibel nicht zu meinen literarischen Wegweisern gehört, so hat sie doch mit einem Textteil, der dem Matthäus zuzuordnen ist, recht: Suchet, so werdet ihr finden! Und ich finde!

Eine Schwester hatte kürzlich ihre Leidenschaft für das Aufhübschen alter Möbel entdeckt. So manches Teil, welches bereits als Sperrmüll an der Straße steht, wird von ihr entdeckt und zu neuem Leben erweckt. Was heißt neu? Derzeit scheint es besonders modern, wenn Möbel alt aussehen. Das nennt sich dann „Shabby chic" oder „Vintage". Bei diesen Stilrichtungen sehen unter anderem Möbel dann so aus, als wären sie verblichen, abgenutzt und eben ein wenig schäbig (= engl. shabby). Meine Spielfreude am Deich und meinetwegen auch zu gewissen Anteilen der biblische Mut-mach-Spruch lassen mich dann eine Shabby-chic-Kuh entdecken und – zack – ist meine Gedankenbrücke zu der einen Schwester komplett.

Bei der anderen Schwester helfen mir die eingangs erwähnten Schmetterlinge, die ursächlich für meine momentane Verspieltheit sind. An mir flattert doch tatsächlich ein Schwalbenschwanz vorbei. Davon abgesehen, dass ich mich nicht erinnern kann, einmal bei mir zu Hause diesen Schmetterling so nah bei mir gehabt zu haben, ist mit ihm die Gedankenbrücke zur zweiten Schwester hergestellt.

Denn sie hatte früher einmal den Spitznamen „Sabine Schwalbenschwanz" von unseren Eltern erhalten. So sehe ich binnen eines Tages neben meinen Töchtern alle meine Geschwister spielerisch mit lieben Gedanken gut bedacht.

Radfahren

„Bei keiner anderen Erfindung ist das Nützliche mit dem Angenehmen so innig verbunden, wie beim Fahrrad."

Adam Opel (1837–1895),

Gründer der Firma Opel

Für mich gab es in keinem Augenblick einen Zweifel daran, dass ich den Weg von Koblenz nach Hause in erster Linie zu Fuß zurücklegen wollte. Von dem Moment an, als mir die Idee kam, beziehungsweise als ich die Idee übernahm, war ich, die sonst zu den leidenschaftlichen und regelmäßigen Radfahrerinnen gehört, von der Vorstellung begeistert – fast besessen –, mich in größtmöglicher Langsamkeit fortzubewegen, also zu Fuß. Diese Wochen wurden somit auch die, die einer fast zehn Jahre andauernden Regelmäßigkeit des morgendlichen Radfahrens einen Strich durch die Rechnung machten. Während des Nach-Hause-Gehens ging ich – sozusagen als Sympathisant undercover – oft viele Kilometer auf Radwegen und die Begegnung mit der Rad fahrenden Spezies blieb mir somit nicht verwehrt. Obwohl ich das Gehen als eine gut- und wohltuende Fortbewegungsmöglichkeit erlebte, merkte ich, wie mein Blick wach blieb für alles, was „Fahrrad" war.

Nach ungefähr vier Wochen war es soweit, dass ich eine

ausgesprochen große Lust auf Fahrradfahren verspürte.

Ich verweile gerade in Lauenburg an der Elbe und entscheide mich spontan dazu, für einen Tag ein Fahrrad zu leihen. Mit diesem werde ich mich nach Boizenburg aufmachen, der Stadt, die ihren Namen einer ehemaligen Burg an dem Fluss Boize verdankt. Boizenburg verfügt über einen ansprechenden, wenn auch kleinen, historischen Stadtkern mit gemütlichen kleinen Fleckchen, wie zum Beispiel der Platz, an dem ich genüsslich in der mir so lieb gewordenen Ruhe einen Cappuccino zu mir nehme. Mein Ausflugsziel und somit auch den schnuckeligen Platz umgeben von Kaffeekannen und Rosenblüten erreiche ich gefühlt wie im Fluge. Wie schnell es mir vorkommt auf dem Fahrrad – unglaublich. In Nullkommanix lasse ich zehn Kilometer hinter mir, für die ich in den zurückliegenden Wochen fast zwei Stunden benötigte. Die Fahrt erscheint mir wie im Zeitraffer und macht mir bewusst, wie schnell sich der Mensch offensichtlich an Dinge gewöhnt. In den ersten Tagen meiner Reise war es noch neu, am Abend nur eine Wegstrecke von – sagen wir – 25 Kilometern zurückgelegt zu haben. Ich übertrage diese Kilometer in Gedanken auf meinen gewohnten Alltag und stelle fest, dass ich eine solche Etappe mit dem Auto zuweilen auch mehrmals am Tag fahre, ohne dabei die Umgebung bewusst wahrzunehmen. Schon nach einigen Tagen scheint die ungewohnte Langsamkeit, die durch das Gehen entsteht, Wurzeln zu schlagen und sich als Normalzustand in mir festzusetzen.

Wie viel Bewusstheit und Entspanntheit die Langsamkeit mit sich bringt, war mir entgangen. Aus dem Alltag der Alleinerziehenden mit heranwachsenden Kindern, Jobs, Haus und Grundstück hatte sie, die Langsamkeit, sich weitgehend verabschiedet. Auf dem Fahrrad zwischen Lauenburg und Boizenburg wird deutlich, wie gut mir das langsame Vorankommen der letzten Wochen bekommt. Es fühlt sich an, als wenn ein Pendel in mir zur Ruhe gekommen ist. Die Entschleunigung hält eine noch nicht dagewesene Ausgeglichenheit – ich möchte es fast inneren Frieden nennen – für mich bereit.

Ist vielleicht die Langsamkeit, also die Geschwindigkeit, die der Mensch ohne mechanisches Zutun erlangen kann, genau das Tempo, welches für den Menschen gut und gesund ist? Ist vielleicht jede Errungenschaft, die uns schneller macht, Auslöser, um das innere Pendel früher oder später in Unruhe zu versetzen? Vielleicht sind Menschen von

Schnelligkeit ähnlich begeistert wie eine meiner Töchter von Nutella und erklären sie deswegen überzeugt zum Optimum. Jedoch Körper, Geist und Seele können langfristig das Tempo nicht „wuppen" und fordern von Zeit zu Zeit die ur-eigene Geschwindigkeit ein, um gesund und kraftvoll zu bleiben. Ja, diese Theorie gefällt mir und erscheint mir schlüssig. Weder die Kaffeekannen noch die Rosenblüten an meinem gemütlichen Platz widersprechen der philosophierenden Inge.

Boizenburg gehörte früher zur DDR. Vereinzelt erspähe ich Hinweise auf dieser Vergangenheit, die inzwischen eine Generation überdauert. Wenig später entdecke ich ein Werbeschild, welches mich gedanklich in noch entferntere Vergangenheit zurückversetzt. Ehrlich gesagt, amüsiere ich mich über besagtes Werbeschild des OTTO Katalogshops. Ungläubig nähere ich mich dem Gebäude und schaue noch ungläubiger, als ich es eh schon bin, als ich einen Bearbeiter hinter dem großen Schaufenster neben dem Eingang sitzen und arbeiten sehe.
Ich habe mir eingebildet, dass die dicken Bestellkataloge

längst ein Relikt aus vergangenen Zeiten sind. Aber nein – anscheinend gibt es nach wie vor eine Menschengruppe, die bevorzugt aus derartigen Wälzern bestellt – aus besagten Katalogen, aus denen ich als Kind gerne alles ausschnitt und auf ein Blatt Papier klebte, was ich haben wollte. Zum Geburtstag, zu Weihnachten und auch einfach so ohne besonderen Anlass. Alles, was ich haben wollte, und natürlich alles, was ich dringend zum Überleben zu brauchen glaubte.

Zum Zeitpunkt meines Boizenburg-Besuches brauche ich definitiv nichts, um glücklich zu sein. Auch nichts aus einem OTTO-Katalog, und so entscheide ich mich wenig später für eine kurze Einkehr in das Fliesenmuseum. Zum einen, weil die bunte Vielfalt dieses Baumaterials im Schaufenster des Museumsgebäudes sehr einladend auf mich wirkt, und zum anderen, weil ich damit einem herannahenden Regenschauer geschickt entkommen kann. Gern hätte ich mir eine oder auch mehrere schicke Fliesen als Souvenir mitgenommen. Aber inzwischen bin ich fast perfekt im Minimieren des Gepäcks und somit kaum bereit, meinen Rucksack mit zusätzlichen, überflüssigen Gramms oder Kilos zu belasten. Natürlich hätte ich es auf die gleiche Art und Weise machen können, wie mit meinem Bierglas aus Göttingen – kaufen, einpacken und mit der Post nach Hause senden –, aber an diesem Tag steht mir nicht der Sinn danach. Und weil ich inzwischen sehr geübt darin bin, nur etwas zu tun, nach dem mir auch der Sinn steht, lasse ich alle Fliesen im Museum.

Nach einigen Stunden des Aufenthalts in der westlichsten Stadt Mecklenburgs schwinge ich mich für den Rückweg nach Lauenburg wieder auf das Fahrrad. Abermals bekomme ich das Gefühl von Fliegen, bevor ich binnen kürzester Zeit mein Ziel erreiche.

Dieser Tag, an dem ich nach wochenlangem Gehen mal wieder kräftig in die Pedale treten konnte, war eine sehr willkommene Abwechslung.

Stalldrang

„Für den, der nicht weiß, welchen Hafen er anfährt, ist kein Wind der seine.“

Lucius Annaeus Seneca (ca.4 v.Chr.–65 n.Chr.), römischer Philosoph

Die fünfte Woche näherte sich dem Ende. Immer noch und immer wieder genoss ich meine Freiheit und das Zu-Fuß-unterwegs-Sein. Kleine Stimmungstiefs kamen zwar vor, jedoch waren sie in ihrer Häufigkeit und Intensität meistens so nennenswert wie der berühmte Tropfen auf einem heißen Stein. Ich bewegte mich zwar in ebenso schöner Natur, wie ich es bereits vor fünf Wochen tat, allerdings mit dem Unterschied, dass mir die Ortsnamen der größeren Orte inzwischen bekannt waren. Ich durchfuhr einige dieser Orte mindestens einmal im Jahr, wenn ich meine Töchter zu einem Handballspiel begleitete.

An diesem Morgen starte ich von einer wunderschönen Heuherberge in Ziethen bei Ratzeburg. Die Unterkunft ist mir von einem vier Jahre zurückliegenden Urlaub bekannt. Mit meiner Freundin Birgit und unseren Töchtern machten wir eine Radtour entlang der „Alten Salzstraße“ und übernachteten genau in dieser Heuherberge. Sie liegt auf dem Gelände eines alten Pfarrhofes, in dessen Räume ein gemütliches Café eingerichtet ist. Die Besucher des Cafés kommen nicht nur wegen der leckeren Torten, sondern auch wegen der Ruhe und Gemütlichkeit von weit her. Als ich absehen konnte, dass mein Weg unweit dieser Herberge entlang führen würde, bekam ich unbändige Lust, mal wieder im duftenden Heu zu schlafen.

Damals, vor vier Jahren, waren wir die einzigen Gäste des Heuhotels. Dieses Mal teile ich mir den urigen, aber sehr gepflegten Heuboden mit einer jungen Frau, die mit Fahrrad unterwegs ist, und mit zwei Müttern, die ebenfalls ihre Kinder – insgesamt sechs an der Zahl – dabei haben. Ich erinnere mich unweigerlich an den damaligen Urlaub. Diese Mütter allerdings nehmen das Thema „Essen" anders wichtig, als Birgit und ich es damals taten. Wenn wir für unsere Kinder, und natürlich auch für uns, das Essen zubereiteten, dauerte es höchstens eine halbe Stunde und wir konnten der hungrigen Bande zurufen: „Essen ist fertig. Kommt bitte!" Diese beiden Mütter, ich nenne sie für mich „Bio-Mütter" verschwinden am Abend satte anderthalb Stunden in der Küche, um das Essen vor- und zuzubereiten. Sie beginnen damit, das frische Gemüse zu schälen und in kleine Stückchen zu teilen. Diese Gemüseberge werden peinlichst gewaschen, bevor sie weiter verarbeitet werden. Leben und leben lassen, denke ich. Obwohl die „Bio-Mütter" vorbildlich handeln, komme ich um ein innerliches Schmunzeln nicht herum. Passend dazu gestaltet sich auch der Smalltalk, der sich zwischen einer der Mütter und mir ergibt.

„Man muss echt aufpassen heutzutage. Fernsehen ist Gift!", lautet eine pauschale Aussage der, wie ich neidvoll anerkennen muss, sehr attraktiven großgewachsenen Frau. Ich lade sie ein, das Thema Fernsehen ein wenig differenzierter zu betrachten. Sie gibt mir zwar recht, aber kann nicht umhin, folgenden Vergleich aufzustellen: „Auf Lebensmittel bezogen ist das Fernsehen wie Chips: Gift!" Da gebe ich ihr zwar recht, aber denke bei mir: Mhmm, lecker. Chips!

Eine weitere Begegnung in der Heuherberge sollte sein, dass ich über den damaligen Gästebucheintrag stolpere. Den Eintrag, den wir radelnden Mädchen und Frauen vor vier Jahren hinterlassen hatten.

Damit sind meine Erinnerungen an den Urlaub im Nu um ein Vielfaches lebendiger, als sie es eh schon sind. Begeistert und auch ein wenig gerührt schicke ich umgehend ein Foto davon an meine Freundin. Daran will ich sie teilhaben lassen. Wir schrieben damals nicht ganz fehlerfrei: „Waren vom 30. Juni bis zum 3. Juli hier. Für die meisten von uns war das die erste Nacht in einem Heuhotel. Es hat uns allen sehr gut gefallen. Zum Glück haben wir keine Spinnen gesehen sonst würden Inge und Hanna nicht hier schlafen. Ziethen war für uns eine Zwischenstation von Lüneburg „bis nach Hause" (Bad Se-

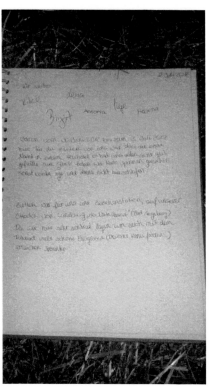

geberg). Da wir hier sehr zentral lagen um auch mit dem Fahrrad viele schöne Ereignisse (Dreisine, Kanu fahren...) erreichen konnten."

Und genau diese Heuherberge auf dem urigen Pfarrhof verlasse ich an jenem Morgen. Ein Straßenschild verrät: Ratzeburg 3 km. Ein Gefühl von Vertrautheit schleicht sich ein und das Gefühl von Urlaub und Abenteuer rückt in den

Hintergrund. Ich weiß, dass ich mit dem Auto keine Stunde unterwegs sein würde und ich könnte meine Töchter in die Arme nehmen. Es ist bereits später Nachmittag und ich bin an die zwanzig Kilometer gegangen, als ich mich nach einer ausgiebigen Verschnaufpause weiter auf den Weg mache. Ausgiebig musste die Pause auch deswegen sein, weil der Akku meines Handys gen null ging und für die bevorstehende Nacht, in der ich „wild" zelten will, benötige ich für ein gutes Gefühl ein geladenes Handy. So hatte ich in der Gaststätte, in der ich bei Cappuccino und Kuchen die Sonne anbetete, gefragt, ob ich derweil eine Steckdose nutzen könne, um das Gerät zu laden. Kein Problem!

Nicht nur mein Handy ist geladen nach der Pause. Auch ich merke einen Kräfteschub, der mich sehr leichtfüßig weitergehen lässt. Wenige Kilometer noch, denke ich, dann halte ich Ausschau nach einem geeigneten, lauschigen Platz, um dort mein Zelt aufzuschlagen. Aber schon während der ersten Meter spüre ich, dass irgendeine Energie mich am liebsten schnurstracks nach Hause tragen will. Mein Drang zu Gehen passt überhaupt nicht zu meinem Vorhaben, schon nach kurzer Zeit einen Schlafplatz aufzusuchen. Mein Schritt gleicht dem, den ich imstande bin zu gehen, wenn nach einer ruhevollen Nacht der Tag beginnt und ich gut gefrühstückt hatte. Ein derart kraftvolles Gefühl hatte mich an keinem der zurückliegenden Tage meines Nach-Hause-Gehens zu dieser Tageszeit erfüllt – später Nachmittag! Das muss der Stalldrang sein, von dem meine Freundin sprach, die ich während meines Gehens im

Wendland besucht hatte. So also fühlt sich dieser aus der Landwirtschaft stammende, aber durchaus auf Menschen übertragbare Stalldrang an. Irgendetwas zieht förmlich an mir, und als mir die Klarheit durch Kopf und Herz schießt, spreche ich sie laut aus: „Ich will nach Hause! Und wenn ich die ganze Nacht durch gehe!"

Letzteres ist natürlich nicht nur unvernünftig, sondern auch unrealistisch. Da die längste Zeit des Tages schon gewesen war, ahne ich, dass mich dieser Kräfteschub zwar noch weit bringen würde, aber definitiv nicht bis nach Hause, denn vorher wird die Müdigkeit sich melden und mein Körper wird sein Recht nach wohlverdientem Schlaf einfordern. Den soll er auch bekommen.

Ich gehe weitere fünfzehn Kilometer. Sie sind gefüllt – nein, erfüllt – mit vorfreudigen Gedanken an mein Zuhause. Und sie sind gefüllt mit der Ankündigung an Antonia und Hanna, dass ich am morgigen Tag zuhause eintreffen werde. Sie sollen bitte den Sekt kalt stellen und natürlich räume ich ihnen damit die Gelegenheit ein, unsere Wohnung soweit „in Schuss" zu bringen, dass ich bei der Ankunft nicht gleich wieder kehrtmachen würde.

Wehmut überkommt mich in diesen letzten Kilometern des vorletzten Tages nicht – die sollte offensichtlich dem letzten Tag meines Nach-Hauses-Gehens vorbehalten sein! Dieser Tag endet mit einem letzten Mal wild zelten und mit großer Dankbarkeit meinen Füßen gegenüber, denen ich mit meinem ungeduldigen Stalldrang an diesem Tag nochmal einiges abverlangte. Wenn ich hier von Dankbarkeit schreibe, dann meint das durchaus, dass ich laut mit meinen Füßen sprach.

„Danke, ihr süßen Füße, dass ihr meine Gehfreude und auch meine damit manchmal verbundene Unvernunft, nicht rechtzeitig eine Pause einzulegen, mittragt."

Ich bin mir nicht sicher, was die Hauptursache für die hörbare Kommunikation mit meinen Füßen ist. Vielleicht ist es das aufkommende Bewusstsein, dass nicht einzig und allein mein Wille das Gehen ermöglicht, sondern dass der Körper, in dem Fall die Füße, auch ihren Teil dazu beitragen. Vielleicht ist es auch nur schlichtweg eine unausweichliche, menschliche Reaktion auf wochenlanges Alleinsein. Was auch immer diesen Monolog verursacht, der Stalldrang führt mich und mein Zelt auf eine Koppel, deren erhöhte Lage samt angrenzenden Knick mir Sichtschutz bietet und somit ein Gefühl der Gemütlichkeit verleiht. Zu sehen sind die Dächer des angrenzenden Dorfes. Vorbeifahrende Autos kann ich nur hören, nicht sehen.

An diesem letzten Abend liege ich mit überbeanspruchten Füßen, sehr glücklich und voller Vorfreude auf den morgigen Tag im Zelt. Ich werde meine Töchter wiedersehen und – was für mich in diesem Augenblick tränenbringende Bedeutung erhält – ich werde nach Hause gehen!

Meine Ankunft

„Es gibt keinen Weg, der nicht irgendwann nach Hause führt."

Afrikanisches Sprichwort

Die Sonne ist bereits aufgegangen. Ich krieche aus meinem Zelt und ein sehr gemischtes Gefühl beschleicht mich. Auf der einen Seite diese unbändige Freude auf mein Zuhause, die mich am Vortag noch über meine körperliche Grenze hinauswachsen und so viele Kilometer gehen lässt, wie an keinem anderen Tag des Nach-Hause-Gehens. Auf der anderen Seite die Wehmut darüber, dass dies nun der letzte Tag meiner so besonderen Zeit sein wird. Die Gedanken an die zurückliegenden, wohltuenden Wochen sollten mich eigentlich glücklich machen. Aber in diesem Moment, in dem ich beginne, mein Zelt abzubauen, kann ich meine Tränen nicht zurückhalten. Es fällt mir schwer, die Tür hinter dieser besonderen Zeit zu schließen, damit sich eine andere Tür, das Erreichen meines Zuhauses, öffnen kann.

Das letzte Mal meine kleine, enge Behausung zusammenpacken. Auch wenn mich die Feuchtigkeit, die sich manches Mal morgens an der Zeltinnenwand sammelt, sehr stört, so ist die Dankbarkeit über den Schutz und die Freiheit, die mir das Zelt in den Wochen ermöglicht hat, in diesem Augenblick größer. Trübsinnig und fast mechanisch rolle ich den Schlafsack zusammen, die Isomatte auf und sortiere alles in den Rucksack ein. In den letzten Wochen habe ich darin eine gewisse Routine erlangt, sodass ich meine Gedanken für andere Dinge zur Verfügung habe. So denke ich an diesem Tagesbeginn an manch nette Erlebnisse, die zukünftig zu den schönen Erinnerungen meiner Reise gehören werden.

Nach kurzer Zeit stehe ich startklar an dem Platz, von dem ich mich wie an keinem anderen Morgen der zurückliegenden Wochen verabschiede – nämlich mit Tränen in den Augen beim Blick auf das vom Zelt heruntergedrückte Gras der Wiese. Jetzt geht es nach Hause. Diese Tatsache sollte mir helfen, meine Wehmut abzulegen.

Es sind nur wenige Kilometer bis zum nächsten größeren Ort, in dem ich mein ersehntes, stärkendes Frühstück einnehme. Mein Gehen bis dahin erscheint mir wie ein Schleppen. Der Stalldrang vom Vortrag fordert einen hohen Tribut und ich fiebere wie lange nicht mehr einem kräftigen Kaffee entgegen. Dieser wird doch hoffentlich meine trägen Körpergeister an diesem Morgen aktivieren?

Die Wirkung des Frühstücks enttäuscht mich nicht. Nach einer gemütlichen Stunde mit Kaffee, belegten Brötchen und einfach nur Sitzen und Gucken bin ich gekräftigt. Sehr gekräftigt. Vorfreude auf Zuhause löst jetzt die letzten wehmütigen Gedanken ab. Am Nachmittag werde ich Strenglin erreichen. So habe ich es zumindest Antonia und Hanna beim Verlassen meines Nachtlagers per SMS wissen lassen.

Für die letzte Etappe suche ich mir eine sehr ländliche Route aus. Fremd ist mir nichts mehr, dazu bin ich bereits zu nahe an meinem Wohnort. Jetzt, am letzten Tag meines Nach-Hause-Gehens spielt plötzlich die Zeit wieder eine Rolle. Nicht, dass ich es eilig habe. Nein, aber trotzdem gehe ich schnell. Zu schnell. Von Vorfreude getrieben stelle ich fest, dass ich, wenn ich in dem Tempo weiterlaufe, viel zu früh mein Zuhause erreiche. Mit meinen Töchtern war ich so verblieben, dass um 15 Uhr der Sekt kalt und bereit zum Anstoßen steht. Die Zeit davor hatte ich ihnen unausgesprochen zum Aufräumen der Wohnung eingeräumt, weshalb ich befürchte, dass ein zu frühes Erscheinen unangebracht sein könnte.

Eine wunderbare Fügung sorgt dafür, dass sich meine Gedanken erübrigen. Ich passiere gerade den Ort, in dem eine Tante von mir wohnt. Und diese Tante ist gerade auf der Hofeinfahrt dabei, diese von Unkraut zu befreien. In ihrer strebsamen, gebückten Haltung kann sie mich nicht sehen, weswegen ich ihr einen Gruß entgegenrufe. Ich will nicht wortlos an ihr vorbeigehen. Sie freut sich und hat sogar Zeit, sich für eine Pause mit mir bei einem kühlen Getränk hinzusetzen. Das freut wiederum mich.

Nach einer angeregten, netten Unterhaltung steckt sie mir noch vierblättrigen Glücksklee an den Rucksack für eine unbeschwerte Ankunft in Strenglin. Von da an muss ich mir wohl keine Sorgen mehr machen, denn eine Legende besagt, dass ein vierblättriges Kleeblatt ein Stück Paradies verkörpert und sogar böse Geister vertreibt. Obwohl, wenn ich es rückblickend betrachte, hatte ich mir auch ohne Glücksklee keine Sorgen gemacht. Trotzdem freue ich mich über diese herzliche Geste. Fast im gleichen Atemzug entsteht das erste und einzige Foto von mir auf meiner Reise. Dann geht es weiter. Doch schon nach wenigen Metern, als ich gerade an dem Familienbetrieb meiner dort ansässigen Verwandtschaft entlang-

gehe, höre ich die Rufe einer Cousine: „Wie bist du denn unterwegs?" So oder so ähnlich ruft sie es mir entgegen, nachdem sie schnell das Bürofenster aufgerissen hat, als ich im Begriff bin, das Gelände der Firma hinter mir zu lassen. Spontan entscheide ich mich, auch dort noch mal vorbeizuschauen und mir Zeit zu nehmen für einen Plausch. Zeit habe ich genug, denn ich mache gerade die Erfahrung, dass ich zu Fuß mit Rucksack ungefähr 5 oder 6 km/h schnell sein kann – am letzten Tag allerdings und mit Vorfreude auf Zuhause schätzungsweise 8 km/h.
Bevor ich mein Zuhause endgültig erreiche, will ich einige

bestimmte Stationen ablaufen. Diese Vorstellung über meine letzten Kilometer des Nach-Hause-Gehens hatte ich bereits viele Tage zuvor. Eigentlich hatte ich sie schon in der Zeit, als gerade einmal die Idee zu dieser für mich besonderen Wanderung entstand. Durch einen Wald würde ich eine Aufforstung erreichen, die mein Vater vor vielen Jahren angepflanzt hatte. Der Ort bietet sich wunderbar an, um noch mal eine kurze ungestörte Rast einzulegen. Weiter würde ich durch das Dorf gehen wollen, in dem ich groß geworden bin, und zu guter Letzt würde ich den Friedhof streifen wollen, auf dem meine Großeltern begraben liegen. Ich hoffe inständig, nicht zu vielen Bekannten zu begegnen, da ich merke, dass diese letzte Etappe durchaus ihre Besonderheit hat. Wenn es möglich wäre, würde ich mich unsichtbar machen, um mich auf diesen Kilometern ungeachtet und schweigsam meinem Zuhause nähern zu können. In die wohlige Ungeduld auf Zuhause mischen sich immer wieder Gedanken an das, was in Form von Erlebnissen und Erfahrungen der letzten Wochen meinen Rucksack füllte. Zugegeben: Die Ruhe und Muße, die ich mir vorgenommen hatte, mir an den eben erwähnten Stationen zu nehmen, nehme ich mir dann doch nicht. Ich bin getrieben von der Vorfreude auf Zuhause, auf meine Töchter und die Katzen. Außerdem erfahre ich im Laufe des Tages, dass sich sogar noch weitere, mir sehr am Herzen liegende Menschen in Strenglin einfinden werden. Das belebt meine freudige Erwartung zusätzlich.

Ungefähr 15.30 Uhr ist es dann soweit. Ich biege auf den

Hof der Schmiederedder 4 ein und von weitem erblicke ich schon in der gemütlichen Holzveranda meine Töchter, meine Zwillingsschwester samt Kinder, meine Freundinnen mit ihren Männern und meine Eltern. Die Sonne habe ich mitgebracht! Meine Augen füllen sich mit Tränen. Nur etwas. Das große Weinen wird mich nicht überkommen, merke ich. Mein Glücksgefühl will anders zum Ausdruck kommen in diesem Augenblick. Ich verneige mich noch auf dem Hof tänzelnd, was allerdings durch den Rucksack etwas erschwert wird und wahrscheinlich deswegen auch von keinem als Verbeugung erkannt werden kann. Meine Verneigung gilt diesem Augenblick. Sie gilt meiner Freude und meiner Dankbarkeit. Über den Augenblick und über das Zurückliegende.

Geschafft! Angekommen! Zuhause! Wie schön sich das anfühlt. Unbeschreiblich.

Diese Ankunft ist mir in sehr lebhafter und sehr schöner Erinnerung. Fast alle meiner Lieblingsmenschen sind dort in der Veranda bei Kuchen, Kaffee und natürlich Sekt versammelt. Nachdem ich alle herzlich begrüßt und meine Freude über diesen Moment kundgetan habe, ziehe ich mir ein frisches Oberteil an. Vielleicht hätte ich das aus Rücksicht sogar vor dem Drücken und Herzen machen sollen? Denn immerhin roch das getragene T-Shirt bereits Tage zuvor schon grenzwertig! Für ein paar Stunden lassen wir es uns gut gehen. Es würde mir schwerfallen, zu dem Zeitpunkt des Zusammentreffens viel oder Konkretes über die zurückliegenden Wochen zu erzählen. Das wird auch zum Glück von niemanden erwartet. Ich darf einfach ankommen! Und das tue ich! Meine Begeisterung über das Zurückliegende kann ich kaum in zusammenhängende Sätze fassen.

„So schön!", ich glaube, dieser Satz – der nicht wirklich ein Satz ist – kommt mir nicht nur einmal über die Lippen. Und ich äußere eine Erfahrung so oder so ähnlich: „Ich hatte es vorher schon geahnt, aber durch mein Nach-Hause-Gehen bin ich bestätigt: Die Menschen sind gut zueinander und wollen einander helfen!"

Ich fühle mich trotz körperlicher Beanspruchung erholt und über die Maße glücklich und zufrieden.

Zuhause! So schön!

Eilmeldung vom 15.08.2016

W. H. aus S. ist mit großer Sonnenbrille und Hut im alten Auto zwischen Reinfeld und Strenglin unterwegs.*

Zuletzt wurde W. H. in Langniendorf gesichtet.
Vermutlich will er nach Hause kommende I. S. aufspüren.

Versuche der Tochter U. H.-R., ihn zurückzuhalten, scheiterten.
Wenn Sie W. H. sehen, lassen Sie ihn weiterfahren.

Anzunehmen ist, dass keine Gefahr von W. H. ausgeht. Er benötigt auch keine ärztliche Hilfe – er ist einfach so!

*Danke, Wilfried, für das Amüsement und das Herzliche in deiner Aktion!

Butter bei die Fische

„Butter bei die Fische" ist eine Redensart, die ursprünglich aus Norddeutschland stammt. Was verbirgt sich dahinter? Beim Zubereiten von Mahlzeiten wird die Butter dem Fisch erst kurz vor Beginn des Schmauses beigegeben. Wer also „Butter bei die Fische" gibt, der kann endlich mit dem Essen beginnen oder – im übertragenen Sinne – der kommt endlich zur Sache oder redet Klartext. Ich vermute, dass es für einige Leserinnen und Leser dieses Buches Fragen bezüglich meines Nach-Hause-Gehens gibt, auf die ich bisher nicht eingegangen bin. Um es mit den Worten der oben beschriebenen Redensart zu sagen: Es ist nicht auszuschließen, dass ich für den einen oder anderen nicht ausreichend geklartextet habe und zu wenig „Butter bei die Fische" gegeben habe. Das mag daran liegen, dass manche Fragen, die anderen unter den Nägeln brennen könnten, mir persönlich nicht im gleichen Maße wichtig waren und deswegen eine etwas stiefmütterliche Behandlung erfuhren. Oder der Grund liegt darin, dass ich es schlicht und einfach bis hierhin vergessen habe, über gewisse Dinge präzisere Auskunft zu erteilen. Und das wiederum kann daran liegen, dass es mir im Laufe meines Gehens um etwas ganz anderes ging, als konkrete Antworten auf ebenso konkrete Fragen zu erhalten. Ich werde hier, wo ich „Butter bei die Fische" gebe, versuchen, eventuelle Antwort-Außenstände aufklärend, informativ und klartextend zu begleichen.

„Konntest du jeden Tag deine Zähne putzen?"

Ja, ich konnte. Und vor allen Dingen: Ich wollte! Selbst wenn ich mich zum Zelten in der freien Natur entschlossen hatte, war ich immer im Besitz einer mit Wasser gefüllten Flasche. Sie diente je nach Bedarf entweder als durstlöschende Notration oder aber als Spülwasser beim Zähneputzen.

„Wie entwickelte sich das mit den Hörstürzen?"

Kurz vor Beginn meiner Reise hatte ich – wie erwähnt – den vorerst letzten Hörsturz. Das Gehen brachte die erhoffte Wirkung: Ruhe, Entspannung, Gelassenheit und Abstand zu den Dingen, die mich zu dem Zeitpunkt aus meinem Gleichgewicht brachten. Damit verbunden schienen die Hörstürze der Vergangenheit anzugehören. Viele Wochen blieb das körperliche Warnsignal aus – während des Gehens und auch in der Zeit danach, in der ich noch lange von den Erfahrungen der Reise zehrte. Fast ein halbes Jahr sollte es dauern, bis sich ein weiterer Hörsturz einstellte, der eine für mich in dem Maße kräftezehrende Phase einleitete, wie ich sie zuvor in meinem Leben noch nicht erfahren hatte. Dieses Tief – oder war es gar eine Herausforderung? – habe ich jetzt, wo ich diese Zeilen schreibe, hinter mir gelassen. Die vermutete Erkrankung im Ohr konnten wir im März 2017 ausschließen – seitdem traten keine Hörstürze mehr auf. Toi toi toi – ich klopfe schnell mal auf Holz!

„Wie viele Kilometer bist du am Tag gegangen?"

Diese Frage kann ich kaum mit einer Zahl beantworten. Das Zählen der Kilometer, die ich im Laufe eines Tages bei bisher nicht erlebter Ungebundenheit ging, gehörte nicht zu dem, was mir wichtig und erstrebenswert erschien. Es war nebensächlich. Durch und durch nebensächlich!

Wenn ich aber einen Rückblick wage, und das tue ich gern, um diese Frage so realistisch wie möglich zu beantworten, dann komme ich zu folgender Einschätzung: Die kürzeste Tagesetappe belief sich wohl auf ungefähr 15 Kilometer; die längste umfasste vielleicht 35. Die meisten Wegstrecken aber lagen zwischen 25 und 30 Kilometer am Tag.

„Hast du einen Campingkocher dabei gehabt?"

Nein. Auch am heimischen Herd empfinde ich keine Befriedigung beim Kochen. Wieso also sollte ich eine Zeit, die eine ganz besondere für mich werden sollte, mit etwas füllen, was mir keine Freude bereitet?
Ich koche, um zu überleben, nicht andersrum! Dass mich kochen nicht befriedigt, bedeutet nicht, dass ich es nicht mache. Ich halte es für notwendig, wenn einem die Gesundheit der Kinder und nicht weniger die eigene wichtig sind. Aber für die Zeit meines Nach-Hause-Gehens entschied ich mich anders und gönnte mir den Luxus kochfreier Wochen.

„Hattest du immer eine Toilette, wenn du eine brauchtest?"

Ja. Entgegen eines Tipps nahm ich keine kleine Schaufel mit, um gegebenenfalls meine Exkremente im Waldboden zu verbuddeln. Ich bewegte mich überwiegend in zivilisatorisch erschlossenen Gegenden, und das Zusammenspiel von Toilette und Anus-Schließmuskel funktionierte einwandfrei. Bei gesunder Verdauung ist man ja auch nicht wirklich überrascht, wenn sich ein voller Mastdarm bemerkbar macht. Und außerdem gibt es ein gewisses Zeitfenster – zumindest bei gesunder Verdauung –, mit welchem sich das Finale derartiger Vorgänge planen lässt. Was das „kleine Geschäft" anging, so kam ich wenige Male in die Verlegenheit, dass Mutter Natur dafür herhalten musste.

„Welche körperlichen Blessuren stellten sich ein?"

Gleich am zweiten Tag wurde ich mit einem Muskelkater „beschenkt", wie ich ihn zuvor noch nicht kennengelernt hatte. Ich ließ mich ob der Schmerzen, die ich morgens und nach einer Gehpause im Oberschenkel verspürte, in einer Apotheke beraten. Es müsste doch etwas geben, was das Verschwinden des Muskelkaters beschleunigen würde. Von da an nahm ich morgens nach dem Aufstehen immer Magnesium zu mir. Ob das nun dafür sorgte, dass der Muskelkater schneller verschwand, wage ich zu bezweifeln. Aber es sei im Allgemeinen gut für meine Muskeln während dieser kräftezehrenden Zeit, meinte die Apothekerin. die so nett war, dass ich ihr alles geglaubt hätte.

Im Laufe meines Nach-Hause-Gehens bekam ich außerdem zwei kleine Blasen am rechten Fuß – kleiner Zeh. Sie störten und schmerzten nicht, was mich aber nicht davon abhielt, sie mit einem bestimmten Blasenpflaster zu überkleben. Sicher ist sicher! Das besagte Blasenpflaster ist von der Marke Compeed und wurde mir von einer wandererfahrenen Freundin empfohlen. Das Pflaster ist wunderbar und legt sich wie eine zweite Haut über die Blase. Deswegen gehöre jetzt auch ich zu den Menschen, die dieses Blasenpflaster wärmstens empfehlen.

Weiter hatte ich an den Waden und teilweise auch am Oberschenkel eine mir fremde Hautreaktion. Mir schien, als wenn die Kombination aus Sonneneinstrahlung, Schweiß und körperlicher Anstrengung diese auslösten. Die rote, juckende Haut erholte sich immer dann, wenn ich sie von eben erwähnten Umständen fernhielt – also jedes Mal über Nacht.

Die Fußschmerzen, die zwar keine äußerliche Blessur darstellten und die ich nach etwas Übung und Konzentration wegdenken konnte, schienen mir eine Folge zu sein von einerseits ungewohnt langen Fußmärschen und andererseits von ebenso ungewohntem Gewicht, das die Füße zusätzlich zu tragen hatten. Auch schienen mir die Füße dicker als normal, was besonders deutlich wurde, als ich Zuhause angekommen wieder meine Turnschuhe anzog, um mit ihnen meine morgendliche Fahrradrunde zu fahren.

Ohne die Schnürsenkel auf ein gewisses Maß zu lockern, war es mir gar nicht möglich, sie anzuziehen. Habe ich da vorher tatsächlich reingepasst? Die Turnschuhe lieferten den Beweis, dass mich mein Gefühl bezüglich dicker Füße nicht täuschte. Ich nahm mir vor, meinen Füßen eine gewisse Zeit der „Resozialisierung" einzuräumen, bevor ich einen Arzt aufsuchen würde. Zu genau diesem Arztbesuch kam es nicht, weil ich einige Wochen später bemerkte, dass der Schmerz weg war. Einfach weg! Und das ohne Konzentration und Denken.

„Hast du in den Wochen niemals ferngesehen?"
Doch. Zweimal.
Das erste Mal in Marburg. Mein Zimmer in der einfachen, aber sehr ansprechenden und zentral gelegenen Unterkunft verfügte über einen Fernseher. Ich freute mich sogar auf einen schönen Film am Abend. Tatsächlich aber überschattete an diesem 22. Juli der Amoklauf eines jungen Mannes in München den Tag und dieses Ereignis schien sämtliche Programme einzunehmen. Mein Wunsch nach einem seichten Fernsehfilm in fußschonender Wellnesshaltung verkehrte sich in Fassungslosigkeit und Traurigkeit über das Geschehene.
Ein weiteres Mal begegnete mir ein Fernseher auf dem Zimmer in Gorleben an der Elbe. Ich bereitete mich auf meinen Fernsehabend vor: Duschen, Chips auf dem Nachttisch, den Fernseher für meine optimale Sicht auf seinem Rolli in Position geschoben und die fußverwöhnende

Creme griffbereit. Ich setzte die Gelegenheit, mal wieder fernzusehen, über Gebühr in Szene. Tatsächlich wurde daraus dann eine halbe Stunde Assi-TV, bevor ich völlig erschöpft und sehr zufrieden einschlief.

„Womit war dein Rucksack gefüllt?"

Ein Paar Wanderschuhe, ein Paar Sandalen, zwei Paar Wandersocken, meine rote Schlabber-Haremshose, in der ich meistens ging, eine kurze Radlerhose, eine lange Radlerhose und ein Fleecepullover, die ich nachts im Zelt trug, zwei T-Shirts, zwei Sport-BHs und drei Unterhosen. Außerdem ein Regencape, zwei Handtücher, meine minimal gefüllte Kulturtasche und mein Tagebuch. Weiter das Ein-Personen-Zelt, eine Isomatte und ein Schlafsack. In den Seitentaschen war immer etwas Ess- und Trinkbares zu finden.

Natürlich war nicht immer alles im Rucksack, denn ein Paar Schuhe hatte ich ja an. Und wenn es die Wanderschuhe waren, so war auch ein Paar Socken nicht im Rucksack, sondern an meinen Füßen. Ebenso verhielt es sich mit Hose, Oberteil, Unterhose und T-Shirt. Die Isomatte verstaute ich nicht im, sondern schnallte sie außen an den Rucksack.

„Hattest du Heimweh?"

Ja. Manchmal hatte ich Heimweh. Es gab Stimmungen, in denen wäre ich lieber zu Hause als nicht zu Hause gewesen. Aber diese Sehnsuchtsschübe vergingen im wahrsten Sinne des Wortes: Ich ging und sie verschwanden. Und niemals war das Heimweh so stark, dass ich ernsthaft in Erwägung zog, mein Nach-Hause-Gehen abzubrechen. Ich sah das Heimweh als einen Liebesbeweis an mein Zuhause und an die Menschen, die dort leben.

„Hast du täglich duschen können?"

Nein. Manchmal vergingen Tage, bis ich wieder in den Genuss einer Dusche kam. Und selbst eine Dusche am Morgen verhinderte nicht, dass ich und meine Klamotten binnen kürzester Zeit wieder schweißgetränkt waren. Aber das störte mich bereits nach wenigen Tagen nicht mehr. Vielmehr bekam ich das Gefühl, dass es meiner Haut, meinen Haaren und vor allem meiner Seele guttat, nicht mehr jeden Tag abgeduscht und gewaschen zu werden. Der Reinlichkeitsstandard unserer westlichen Welt wurde bis auf das Zähneputzen für mich nebensächlich und wich einem unbeschreiblich schönen Erleben von bewusster Beschränkung auf das Nötigste. Damit einhergehend stiegen der Genuss und die Wertschätzung einer Dusche, weil sie in dieser Zeit nicht zu den Selbstverständlichkeiten zählte.

„Hast du dich mal verlaufen?"

Wer mich kennt, weiß, dass ich diese Frage nur mit „natürlich ja" beantworten kann. Aber nicht oft, was darauf zurückzuführen ist, dass ich mir selbst keinen Weg als die richtige Route ausgeguckt hatte. Ich bin halt manchmal nur anders gegangen, als ich es gedacht hatte.

„Was hat das gekostet?"

Ungefähr 1.500 Euro, was umgerechnet zirka 300 Euro pro Woche bedeutet. Ausgaben fielen überwiegend für Unterkünfte an – ausgenommen die Nächte, in denen ich wild zeltete oder privat spontan Unterschlupf fand – und für die Verpflegung. Und Letzteres, die Verpflegung, ließ ich mich besonders viel kosten, weil, wie erwähnt, mein Nach-Hause-Gehen eine kochfreie Zeit für mich sein sollte. Was das Essen und Trinken anging, so ließ ich es mir von vorne bis hinten und von morgens bis abends richtig gut gehen: hier ein leckeres Frühstück, da ein warmer, sättigender Gaumenschmaus, zwischendrin ein frisch belegtes Brötchen, ein Eis oder ein Stück Kuchen und immer wieder, sogar mehrmals täglich, belebende, kühle Saftschorlen.

„Wieso heißt das Buch „Mein Nach-Hause-Gehen", obwohl du nicht ausschließlich gegangen bist?"

Weil ich den Buchtitel „Mein Nach-Hause-Gehen, davon fünf sehr kurze Etappen getrampt, eine Bahnfahrt, eine Schifffahrt und einmal ein Fahrrad ausgeliehen" als zu unruhig empfinde. Außerdem berichten Menschen auch von ihrer Flugreise nach Mallorca, obwohl sie nicht vom besagten Flugzeug zu Hause abgeholt und zum mallorquinischen Hotel gebracht werden. Für mich ist der Titel sehr stimmig, da ich an jeden Tag meiner Reise gegangen bin, wenn auch an einzelnen Tagen nicht ausschließlich.

Damit hoffe ich, noch ein wenig mehr „Butter bei die Fische" gegeben zu haben. Wer nun noch unbeantwortete Fragen hat, der darf mich gern persönlich ansprechen. Bei Käffchen, Vino oder Sekt klönt es sich erfahrungsgemäß besonders gut.

Epilog

„Ich fühle mich ausgeruht, aufgetankt, inspiriert, wohl, gelassen, körperlich beansprucht, entspannt und gespannt."

So schrieb ich es einer Freundin einige Tage nach meiner Rückkehr. Die fünf Wochen hatten ihre Spuren hinterlassen – wohltuende Spuren! Zwar fühlte ich mich körperlich beansprucht, gleichsam aber derart gestärkt wie lange nicht mehr. Ich hatte wirklich das Gefühl, dass ich mit mir sehr im Reinen war und dass ich und alles um mich herum im Gleichklang waren. Es fühlte sich an, als wenn meine ganz persönlichen Schwingungen, wenn es denn solche gibt, mit den Schwingungen meines Umfeldes harmonierten. Ein störungsfreier Lebensfluss – und ich mitten drin. Wunderbar!

Ich erinnerte mich an einen sorgenvollen Gedanken, den ich vor Beginn meiner Reise hatte: Würde ich nach vielen Wochen der Selbstbestimmung und Freiheit Probleme haben, wieder in meinen bisherigen Alltag zurückzufinden? Was wäre, wenn ich meiner beruflichen Tätigkeit anschließend nicht mehr nachgehen kann, weil ich sie nicht mehr mit mir in Verbindung bringen könnte? Die Unsicherheit – wenn ich sie so nennen kann – lag in meinen Augen darin begründet, dass ich mich als Reisende sah und nicht als Touristin. „Touris" sehen das, was sie sich zu sehen vorgenommen haben. Sie finden vor. Reisende entdecken eher – auch sich selbst – und sehen oft Dinge, von denen sie nichts geahnt haben. Beruhigt, erleichtert und glücklich stellte ich nach der Reise fest: Mein Leben ist nicht nur aus Versehen so, wie es ist. Es ist so, weil es derzeit zu mir passt und mir guttut. Mein Alltag ist kein Produkt einzelner Zwischen- oder Zufälle, auf die ich keinen Einfluss habe. Es ist weder die Summe vieler eingegangener Kompromisse noch das Ergebnis aus missglückten oder abgebrochenen Versuchen. Es war vor fast zwanzig Jahren *mein* Wunsch, Mutter zu werden. Es war *mein* Entschluss, mich von dem Vater meiner Töchter zu trennen. Es war *meine* Entscheidung, zwei angebotene Vollzeitbeschäftigungen abzulehnen, und eine Teilzeitarbeit und damit auch einen geringeren finanziellen Spielraum vorzuziehen, um mehr Zeit für meine, und mit meinen, Töchtern zu haben. Es ist *mein* Wunsch, derzeit sowohl mit meinem erlernten Beruf der Bauzeichnerin als auch mit meiner Begeisterung für das Schreiben mein Leben zu finanzieren. Es ist *mein*e Lust, auf dem Land zu leben, und es ist *mir* eine Herzensangelegenheit und Freude, meine Töchter auf ihrem Weg ins Erwachsenen- und Berufsleben zu begleiten, bevor ich wieder mehr auf mich gestellt sein werde, weil sie sich aufmachen in *ihr* Leben! Eine wohltuende Erkenntnis.

Ich brachte Gelassenheit mit nach Hause. Wie ich finde, eine große Portion Gelassenheit und eine entspannte Sicht auf kleine alltägliche Pseudo-Katastrophen, von denen man sich nur allzu schnell umgeben sieht. Ich hatte den Eindruck, dass mich, gestärkt wie ich war, nichts aus der Bahn werfen konnte. Das mag auch daran gelegen haben, dass ich fortan der sogenannten Bahn mehr Raum und Gestaltungsmöglichkeiten einräumen wollte. Damit würde es nicht allzu schnell zu vermeintlichen Abweichungen von dieser Bahn kommen können. Wer seiner Bahn, dem Lebensweg, von vornherein mehr Weite und Spielraum gibt, den ereilt viel später – vielleicht sogar nie? – ein Gefühl von „vom Weg abgekommen" zu sein. Was ich zu sagen versuche, verdeutlicht vielleicht dieses Bild: Stell dir vor, du gibst deinem Leben und deinen Gedanken den Spielraum einer vierspurigen Autobahn. Und jetzt stell dir vor, du gibst beidem lediglich den Spielraum eines nicht asphaltierten Trampelpfades. Von welchem würdest du taumelnden Ganges – denn das Leben und auch manche Gedanken haben oft eine berauschende Wirkung – eher abkommen? Richtig – vom Trampelpfad. Auch wenn ich im wahren Leben viel lieber auf Trampelpfaden als auf Autobahnen unterwegs bin, so wünsche ich mir doch ein Leben und Gedanken mit der Bewegungsfreiheit, wie sie eine Autobahn ermöglicht. Ich fühlte mich nach meiner Reise gestärkt und motiviert, dieses als Ziel im Blick zu behalten.

Mehr noch als vor meinem Nach-Hause-Gehen wuchs in mir der Wunsch, das für mich oder zu mir passende Leben zu leben. Und ich spürte deutlicher, was offensichtlich nicht dazugehörte. Zum Beispiel tat ich mich zunehmend schwerer mit der leistungs- und konsumorientierten Gesellschaft, in die ich hineingeboren wurde. Mehr und mehr scheint sie sich an wirtschaftlichen Interessen zu orientieren und lässt anscheinend völlig außer Acht, dass dabei menschliche Bedürfnisse kaum mehr berücksichtigt und befriedigt werden. Aber eine Gesellschaft besteht nun mal aus Menschen, und meiner Meinung nach ist es ein Trugschluss zu glauben, man könne langfristig menschliche Bedürfnisse von wirtschaftlichen Zielen entkoppeln. Für mich ist das Phänomen Burn-out auch eine gesellschaftliche Antwort auf langfristig falsch gesetzte Prioritäten und das Missverhältnis zwischen Mensch und Technik. Ich weiß noch nicht, wo mich diese Überzeugung hinführt, aber mein Wunsch, mich dem wirtschaftlichen Klammergriff zu entziehen, wächst zunehmend. Zudem ahne ich, dass ich durch diese Abgrenzung möglicherweise eher zu dem Leben finde, welches zu mir passt.

Hervorheben möchte ich auch mein unbeirrbares Gefühl, dass die Richtung meiner Wegstrecke wesentlich zur Besonderheit der Reise beitrug. Ich startete in Koblenz und mit jedem Tag, jedem Kilometer, ja schon mit jedem Schritt kam ich meinem Zuhause ein Stück näher. Zielort: Zuhause! Eine wunderbare Gegebenheit. Es machte mir bewusst, was manch anderen Menschen nicht vergönnt ist: Heimatgefühl. Dass es einen Ort oder eine Region gibt, wo ich geboren wurde, aufgewachsen bin, die Schul- und Lehrzeit verbracht habe, wo ich selbst eine Familie gründete, wo mir Menschen vertraut und lieb geworden sind, und wo ich immer noch zufrieden und sicher leben kann – all das halte ich für ein großes Geschenk. Dabei denke ich an das Zitat eines aus der Schweiz stammenden, bereits verstorbenen Verfassers kurzer Sinnsprüche: „Was hilft es mir, wenn ich in der ganzen Welt herumreise und nirgends zuhause bin?"

Ich fühlte und fühle: Mein Haus ist auch mein Zuhause. Eine weitere wohltuende Erkenntnis meines Nach-Hause-Gehens.

Ich habe während meiner Wanderung erfahren, dass eine ganz besondere Reise – eine wirkliche Herzensangelegenheit, nicht einfach nur ein weiterer Urlaub – nicht ausschließlich in fernen Ländern oder unter fremden Kulturen erlebt werden kann. Auch muss man sich nicht unbedingt einer hohen Sensationsdichte aussetzen. Es kann und darf auch unspektakulär, besinnlich, ruhig und langsam wie mein Nach-Hause-Gehen sein. Die Bewegung in der Natur, die Terminlosigkeit, die Ungebundenheit und auch das Einlassen auf eine Art Ungewissheit war für mich ausgleichend, nährend und erfüllend zugleich. Auch wenn ich das Risiko eingehe, mich mit folgender Aussage in eine Esoterik-Ecke zu katapultieren – ich möchte es einfach so ausdrücken, wie ich es erlebte: Das Gehen hatte für mich im gewissen Sinne auch etwas Heilendes.

Wie nach einem Klaps auf den Allerwertesten dieser manchmal nachwackelt, so schwingt das Wohlgefühl dieser Wochen in mir nach. Nicht immer und auch nicht immer im gleichen Maße. Aber spürbar. Dennoch wird mich besagtes Wohlbefinden nicht vor neuen Tiefs, Krisen oder anderen Depri-Phasen bewahren können. Das Erlebte aber versorgt mich mit zahlreichen positiven Gedanken, die ich tief in mir verankert habe. So entstand in mir ein kostbarer Schatz, aus welchem ich nach Lust und Laune oder bei Bedarf Kraft und Gelassenheit schöpfen kann.

An dieser Stelle erinnere ich mich an die Geschichte mit dem Mönch, der für den Wanderer Wasser aus dem Brunnen schöpft.

„… Jetzt ist es ruhig – und das ist die Erfahrung der Stille: Man sieht und erkennt sich selbst."

Lief mein Nach-Hause-Gehen nun auf ein „Sich selbst sehen und erkennen" hinaus? Ich bin immer noch der Meinung, dass es ein fortwährender Prozess ist, der zu keinem Zeitpunkt des Lebens abgeschlossen werden kann. Aber ich wage zu behaupten, dass etliche der unzähligen Schritte, die ich im Laufe meines Gehens machte, nicht nur nach Hause führten, sondern auch zu mir.

„Keine Dramatik, nichts Noch-nie-Dagewesenes und kein Spannungsbogen. Frei von Spektakel, sogar ohne gravierende Risiken und Nebenwirkungen und außerdem frei von Konservierungsstoffen. Ich traf keine Promis, stieß auf keine Goldader und rettete auch niemandem das Leben. Es war nicht mehr, aber auch nicht weniger, als einfach nur das, was es war: mein Nach-Hause-Gehen!"

Inge Schlüter

„Nicht die Glücklichen sind dankbar. Es sind die Dankbaren, die glücklich sind."

Es gibt für mich weiteren Bedarf, **DANKE** zu sagen:

Danke an die zahlreichen netten, kurzen, oft „namenlosen" Begegnungen während meines Nach-Hause-Gehens. Der Smalltalk war oft wie das Salz in der Suppe.

Danke an meinen Arbeitgeber, die Betonwerk Lebatz GmbH, dass ich für dieses Vorhaben so viele Wochen in Folge frei bekam.

Danke, Bina, Mirco, Greta und Carlotta – ihr Lieben aus Koblenz –, dass ich von euch aus meine besondere Reise starten durfte. Es ist immer schön, mit euch zusammen zu sein und eure Gastfreundlichkeit genießen zu dürfen.

Danke, liebe Bine, für den mutmachenden Brief und den Notgroschen. Und **danke**, liebe Elke, für den Schutzengel. Schön, dass ihr meine Schwestern seid.

Danke, Frau Neef aus Weimar-Argenstein, dass Sie mir einfach so frische Getränke mit auf den Weg gaben.

Danke, liebe VBFF Urthe, dass du mich letztendlich doch „losgelassen" hast. Schön, dass du meine Freundin bist.

Danke, liebe Susann, für den erholsamen Aufenthalt bei dir im Wendland.

Danke an den Frisör Jan Bracker in Lauenburg, dass ich ohne Anmeldung – ganz spontan – meine Haare geschnitten bekam.

Danke, lieber Matthias, für den Cappuccino am Elbe-Lübeck-Kanal.

Danke, liebes Team von ebokks, für die wiedermal kompetente und freundliche Begleitung bis hin zu diesem fertigen Buch.

Danke, liebe Mutti, und **danke**, lieber Papa, für eure Unterstützung, die weit über diese für mich besonderen Wochen hinausging und -geht. Dank euch fiel es mir leichter, meine Goldschnuten für so viele Wochen „allein" zu lassen.

Danke, liebe Antonia, und **danke**, liebe Hanna, dass ihr mir dieses Nach-Hause-Gehen ermöglicht habt – einfach dadurch, dass ihr so seid, wie ihr seid. Nämlich wunderbar!

Weitere Veröffentlichungen
von Inge Schlüter

Alle folgenden Bücher sind als Taschenbuch
und als E-Book bei Amazon erhältlich.

In diesen drei BIEP-FIMILIM-Bänden beschreibt Inge Schlüter unterschiedliche Erlebnisse und Erfahrungen aus ihrem Dasein als alleinerziehende Mutter zweier Kinder.

Authentisch und kurzweilig gewährt sie Einblicke in ihren Alltag – den liebevollen sowie den anstrengenden Seiten. Sie bewegt sich mit einem Augenzwinkern und mal mit Nachdenklichkeit durch ihr Leben als alleinerziehende Mutter und lässt nicht unerwähnt, dass sie neben der Mutter auch noch Frau ist.

BIEP FIMILIM (übersetzt = GIBT SCHLIMMERES) ist nicht nur für Alleinerziehende, sondern auch für alle, die es werden wollen. Außerdem für alle Zuzweiterziehende und für Menschen, deren Kinder bereits ausgezogen oder selbst Kinder haben.

Band 1 – Partnerlos mit Kind, na und!

Band 2 – Ein Leben ohne Abi und Entenbraten!

Band 3 – Tausche Bobby-Car gegen Facebook-Account!

In den Informitzig-Bänden fasst Inge Schlüter ihre Kolumnen zusammen. Ob kritisch, informativ, provokant oder witzig – diese Kolumnen leben von ihrem Mix aus allem. Die Themen umfassen Familie, Gesellschaft, Politik und Banalitäten unterschiedlicher Art. Inge Schlüter verpackt sie in ein kurzweiliges Glossenkostüm und betrachtet diese vier Bände als ihren Beitrag, die Welt ein bisschen besser zu machen – zumindest aber doch als einen Beitrag, Menschen zum Nachdenken oder Schmunzeln anzuregen.

Die Autorin:

Inge Schlüter, Baujahr 1971, wurde in Bad Segeberg geboren und lebt in einem Dorf in Schleswig-Holstein. Als Autorin schätzt sie die Unabhängigkeit und Freiheit, ihre Bücher selbstbestimmt „auf die Welt zu bringen".

Einige ihrer Kolumnen veröffentlicht sie für eine Radiosendung in vertonter Form – „Informitziges fürs Ohr". Hörproben und weitere Informationen zur Autorin und ihren Aktivitäten gibt es auf ihrer Homepage

www.inge-schlueter.de

Mal etwas anderes: Lust auf eine „**WoZiLe**" (Wohnzimmerlesung) bei dir zu Hause?

Auch dazu nähere Informationen auf Inge Schlüters Homepage.